만목滿目의 가을

현대수필가100인선 · 77

만목滿目의 가을

맹난자 수필선

좋은수필사

■ 책머리에

　수필은 누구나 부담 없이 읽고, 마음만 먹으면 직접 쓸 수도 있는 가장 친근한 문학이다. 다른 영역의 문학이 영상매체에 밀려 신음하고 있는 중에도 수필 인구만은 날로 증가하여 바야흐로 수필 전성시대를 구가하고 있는 이유도 거기에 있을 것이다.
　시대적 추세에 힘입어 수많은 수필전문지, 수필동인지가 창간되고, 이에 비례하여 신진 수필가도 날로 늘어나다 보니 이제는 그 많은 작가, 그 많은 작품 중에서 문학성 높은 작품을 가려 읽는 일이 쉽지 않게 되었다. 이런 현상은 작가에게나 독자에게나 결코 바람직한 일이 아니다. 더 나아가서는 수필을 연구하는 후세들에게도 큰 부담이 될 것이다.
　이런 문제를 해결하는 데는 출판인도 마땅히 한몫을 감당해야 한다는 평소의 소신에 따라, 본사가 기꺼이 그 역할을 맡기로 했다. 그 첫 번째 사업으로 시대를 대표할 만한 수필가 100인을 선정하고, 작가가 자선한 40편 내외의 작품을 수록한 문고본을 발간하여 이를 널리 보급함으로써 그 소임을 다하고자 한다.
　본사는 사명감을 가지고 이 사업을 추진해 나가기로 했다. 작가 선정을 전담할 편집위원회를 구성하고 전권을 위임하여 일체의 사적인 정실이나 청탁을 배제함으로써 전문성과 공정

성을 확보해 나갈 것이다.

따라서 이 기획물 속에는 작가의 문학정신뿐만 아니라, 본사의 문학사적 기여 의지와 편집위원 제위의 수필문학에 대한 애정과 문인으로서의 양심이 함께 담겨 있음을 자부한다. 다만, 작가를 선정하는 기준에는 많은 견해의 차이가 있을 수 있고, 선정 과정에서도 미처 챙기지 못한 부분이 있을 것이라는 사실만은 인정하지 않을 수 없다. 이 점에 대해서는 관계자 여러분의 양해 있으시기 바란다.

이 시리즈의 발간 순서는 작가, 또는 본사의 사정에 의한 것일 뿐 그밖의 어떤 기준도 적용하지 않았음을 밝힌다.

본 기획물이 시대를 초월한 많은 수필 애호가들의 관심과 애정 속에 우리나라 수필문학 발전에 한 이정표가 되기를 바랄 뿐이다.

2010년 4월

《좋은수필》 발행인 서 정 환
현대수필가 100인선 간행 편집위원 박 재 식 최 병 호
정 진 권 강 호 형
변 해 명

| 차례 | 현대수필가100인선 · 77

1_부

별 · 12
조춘 · 15
현장 · 18
이창 · 21
간위산 · 23
만목의 가을 · 25
내면 일기 · 29
관여의 그림자와 · 36
자리에 앉다 · 43

2_부

침묵의 의미 • 50
활자와 문화 • 55
책은 책으로 읽어야 한다 • 58
온고지신 • 61
수구초심 • 65
문인들의 옛집 • 68
한래서왕 • 71
사자신중지충 • 73
작은 방 • 77

3_부

| 산책 • 84
| 추석 무렵 • 90
| 빈 배에 가득한 달빛 • 95
| 시간의 단면 • 99
| 뒤늦게 찾아온 이 빛깔은 • 106
| 흰 구름이 흐르던 언덕 • 113
| 늙은 아내는 종이에 바둑판을 그리고 • 119
| 라데팡스의 불빛 • 125

현대수필가100인선 · 77

4_부

탱고 그 관능의 쓸쓸함에 대하여 • 138
투우 • 147
불꽃춤 • 152
존재의 방식 • 159
수, 이미지의 변주 • 186
인생 • 178

■ 연보 • 184

별

조춘

현장

이창

간위산

만목의 가을

내면 일기

관여의 그림자와

자리에 앉다

별

 별을 별답게 처음 본 것은 6·25 피난지인 어느 초등학교 마당에서였다. 우주에 대한 첫 경험은 아홉 살짜리에게 놀라운 경이였다. 어둠 속에서 오롯하게 존재를 드러내던 신비로운 별, 작은 가슴이 팔딱거렸다.
 이후로 두 번째의 충격은 지난겨울, 피지에 갔을 때였다. 그곳 원주민들이 모여 산다는 '나발라의 민속촌'을 찾았다. 300채의 부레[草家]에서 그들은 공동체를 이루며 살고 있었다. 관습에 따라 '술루'라는 치마를 구해 입고, 카바가루와 빵을 사 들고 현지인의 안내를 받으며 그들을 예방했다. '마마누카'라는 전통의식을 치른 뒤 추장이 내어 준 방에서 하룻밤을 묵게 되었다. 전기도 없는 오지의 산간 마을, 뒷간 볼 일로 남편을 깨워 더듬더듬 밖으로 나왔다.

칠흑 같은 밤에 대체 누구의 마련이던가.

온 하늘에 금강석을 뿌려놓은 듯, 찬란하게 펼쳐진 밤하늘의 수많은 별들. 태고의 신비 앞에 불려나온 듯했다.

손을 뻗치면 금방이라도 닿을 듯한 공간에 주먹만 한 별들이 허파로 숨을 쉬는 게 느껴졌고, 눈을 깜박거리는 별들의 촉광도 감지될 듯했다. 연이어 소리없는 폭죽이 사방에서 터지고, 길게 꼬리를 물며 땅으로 내리꽂히는 유성들의 낙하. 숨죽이며 그 장관을 지켜보고 있었다.

어린왕자와 윤동주가 보았던 별도 이처럼 장엄하였을까?

"별 하나에 추억과 별 하나에 사랑"을 외치던 윤동주 시인도 하늘에 올라가 별이 되었을까?

나는 별의 탄생과 윤회를 생각하다가 문득 서울에 두고 온 이시우 선생의 책이 생각났다.

《별처럼 사는 법》에서 선생은 별과 인간의 일생을 비교하면서 왜 우리가 별처럼 살아야 하는가를 조용히 역설한다.

별은 우리 인간과 달리 태어날 때, 평생 먹고 살 수 있는 양식(질량)을 갖고 태어난다. 그러므로 그들에겐 탐욕이 없으며 탐진치가 없다. 어떠한 집착심도 없이 여여한 무아의 경지를 이루고 있다. 이미 수행도 필요치 않으며 후세의 과보 또한 받지 않는다.

별은 잘났다는 자아의식도 없으며, 남과 다투며 남을 무시하는 인상人相도, 다른 별들을 무조건 따라가는 중생상衆生相 또

한 없으며, 오래 살고자 하는 수자상壽者相도 없다. 별들은 오직 조상대대로 물려받은 화학적 및 물리적 집단 무의식만을 지니고 있으며 이것을 다음 세대에 물려줄 뿐이라는 것이다.

별은 언제나 가장 낮은 에너지 상태에서 가장 적은 에너지를 쓰면서 외부반응에 순응하며 이웃과 조화롭게 관계를 맺고 있다는 대목에 나는 연필을 깎아 밑줄을 그었었다.

욕심을 줄여 저 별처럼 살지 않는다면, 우리는 과연 이 병든 지구에서 다른 생명들과 얼마나 더 어울려 살 수 있을까?

전기도 없이, 문명의 혜택도 없이, 온 식구가 방 하나에 거처하면서 손으로 빵을 뜯어먹고, 소박하게 웃으며 맨발로 걸어 다니는 간소하기 이를 데 없는 그곳 사람들의 삶을 보면서, 나는 그날 밤 하늘의 별이 왜 그토록 영롱했었는지를 알 수 있을 것 같았다.

조춘早春

　아파트 후문 쪽으로 길을 나섰다. 치과로 가는 버스를 타기 위해서다. '이대로 살지' 하고 견뎠는데 더는 미룰 지경이 못 되어 병원을 오가며 드는 생각이 많다.
　'이럴 줄 알았으면 진작 해 넣을 걸.'
　후회도 되었지만 임플란트는 비용도 만만치 않다. 아버지의 경우를 떠올리며 그럭저럭 참고 지낼 생각이었다.
　십여 년 전, 요양소에 계시던 아버지한테서 연락이 왔다. 별안간 치과에 가셔야야겠다는 것이다. 좀 난감했다. 용미리에서 보령으로 어머니를 이장하고 그 곁에 아버지 유택을 마련해 드린 뒤 얼마 지나지 않아서였다. 동생들은 어리고 치료비 때문에 속앓이를 했던 그때의 아픈 기억이 잠시 떠올랐다. 게다가 치아를 해 넣고 오래 사시지 못한다면 하는 복잡한 갈등이 쓸쓸하게 떠올랐던 것이다. 막상 어금니를 빼고 나니 마음이 좋지 않았다. 68년을 함께 한 시간, 생의 한 부분이 달아난 듯 뻥 뚫린 막막함. 혀가 자꾸만 빈자리를 더듬는다.

병원 문을 나서니 꽃샘바람이 옷 속을 파고든다. 마음이 더 시렸다.

노인에게 치아는 생명과 다름없다는 것을 이해하지 못하던 때였다. 남동생이 요양소에서 아버지를 업고 나와 택시로 병원을 통근했다.

틀니를 하고 아버지는 4년을 더 사셨다. 만약 안 했더라면 어쩔 뻔했나? 가슴이 철렁 내려앉는다. 바로 지금의 내 나이다. 생의 늦은 시간에 말고, 진작 했더라면 좋았을 것을. 그러나 우리 인생은 후회 앞에 서게 마련인가 보다.

마취가 풀리지 않아 둔탁한 턱을, 오른손으로 감싸 쥐며 아파트 후문 마당으로 들어섰다.

키 작은 사철나무에 쌀알만 한 연두가 도드라져 있는 게 보였다. 눈길을 뗄 수 없었다. 마치 좁은 산도를 빠져나오려고 무진 애를 쓰고 있는 어린 생명체처럼 보였다. 새 잎은 아주 힘겹게 힘겹게 얼굴을 들어 올리고 있었다. 웬일인지 그것을 보는 내 온몸에서도 힘이 쭉 빠져나갔다. 순간 먹지 못해 쇠약해진 기력이나마 그리로 보태 주고 싶은 간절한 마음이 들었다. 그런 염력念力 때문인지 이미 그곳으로 흘러들어 가는 어떤 기운을 느낀다. 내 몸에서 빠져나간 생명의 일부가 둥글게 꼬리를 이으며 순환하는 우주의 기운 속으로 흡수되는 게 느껴진다. 이런 것을 일러 귀일歸―이라고 하는가? 원시반종原始反終의.

그런 것을 감지하며 나는 2월의 매운바람 앞에 서 있었다. 왠지 감촉되는 찬바람의 끝이 싫지 않았다.

현장現場

 퇴근 후 무거운 걸음으로 아파트 마당에 들어섰다. 비온 뒤라서인지 화단의 나무 냄새도 좋고 나무 잎들은 한결 푸르다.
 꽃 진 라일락나무의 잎 새도 전보다 넓어졌고, 어느새 화무십일홍이 된 작약은 제 몸에 씨방을 한껏 부풀려 임산부 같은 배를 하고 있었다.
 생명을 잇기 위해 저들은 숭고한 임무를 완수하고 있는데 너는 지금 무엇을 하고 있니, 이 여름에? 그런 자괴감이 안에서 피어올랐다.
 봉숭아의 통통한 씨방을 보면 터지기도 전에 손을 대고 싶어진다. 젓가락으로 통통한 배를 건드려 꺼내먹던 은어나 명태의 알을 씹던 때의 감촉도 되살아난다. 입안에서 톡톡 터지는 쾌감을 즐기다가 흠칫 움츠러들고 만 것은 한 생명체로서 부화되지 못하고 죽은 물고기를 씹고 있다는 생각이 들어서였다.

생명, 그것을 생각하면 잘못이 많은 사람처럼 나는 언제나 죄송한 마음이 되곤 했다. 보도블록 사이를 비집고 올라와 자잘한 꽃을 피운 어린 목 줄기를 볼 때도 같은 심정이었다. 빈 땅이면 어디고 생명을 내린 그들에게 나는 경이의 박수를 보내는 것을 잊지 않았다.

그날도 버릇처럼 땅바닥에 시선을 둔 채 뚜벅뚜벅 걷고 있었다. 지렁이 한 마리가 눈앞에 들어왔다. 낯설도록 그놈과의 해후는 실로 오랜만이었다. 세상이 귀찮듯 놈은 보도블록 위에 널브러져 있었다. 줄무늬의 투명한 실핏줄은 지나가는 광선에 아른아른 했다. 땅속에나 있을 일이지…. 외계에 잘못 나온 이방인 같았다.

토룡土龍이라 대접받던 위상은 간데없고, 부상 입은 전병처럼 간헐적으로 몸을 뒤챈다. 걸음을 멈추고 나는 잠시 그놈 앞에 서 있었다. 철없던 어린 시절이 떠올랐다.

비온 뒤에 지렁이들은 등굣길을 방해하곤 했다. 토양이 좋아서인지 그때는 지렁이가 많았다. 그걸 밟지 않으려면 발밑을 잘 살펴야 했고 또 조심해서 걸어야 했다. 짓궂은 아이들은 언제 준비해 왔는지 주머니에서 소금을 꺼내 검붉은 몸체 위에 그것을 뿌려댔다. 화덕 위에 꼼장어처럼 그놈들은 몹시 요동쳤다. 둘러 선 아이들은 낄낄대면서 신나 했다. 간단없는 그 몸부림을 지켜보면서 우리는 동작이 멎기를 기다렸다. 꼴깍 숨 한

번을 참는 사이, 그리 오래 걸리지는 않았다.

한쪽 옆에 서서 경이롭게 바라보던 때의 충격과 박명성朴明 星 시인의 〈지렁이〉라는 시구가 터진 살갗에 소금기로 닿듯 쓰리게 전해져 왔다.

…10센티도 채 안 되는
한 오라기 실 같은
생노병사生老病死

지금 저 지렁이의 몸에서도 생노병사가 지나가고 있다. '10센티도 채 안되는 한 오라기의 실 같은' 지렁이의 몸체에서도 그것은 분명 예외가 아니었다.

순간 실존에 대한 뼈아픈 자성自省이 가슴을 먹먹하게 한다. 나는 어금니에 힘을 주었다. 현장을 놓치고 싶지 않아서였다.

이창裏窓

아파트 맞은편의 창문 안 풍경.

발이 쳐진 식탁 앞에 러닝셔츠 차림의 구부정한 사내가 앉아 있고 언제나 그 곁에서 맴돌던 재바르지 못한 노모의 모습은 내가 그 집을 떠나오기 전 7년 동안이나 계속되었다.

오전 11시 무렵, 가족들의 출타로 한가로워진 시간이면 늘 마주치게 되는 풍경이었다. 그곳을 떠난 지도 10여 년이 훌쩍 넘었다. 그런데도 여름이 되면 액자 속 풍경이 이따금씩 떠오르는 것이다.

팬터마임을 보는 것 같던 모자母子의 그 단조로운 동작은, 내게 정지停止된 화면처럼 남아 때론 벙어리의 절규 같은 인생의 어느 단면을 더듬게 하는 것이었다.

시간에 매이지 않은 자유직에 종사한 사람이었다면 그런 다행이 없겠지만 아무래도 그래 보이지는 않았다. 어디가 아파서 실직을 했거나 그 때문에 미혼이었을지도 모를 비쩍 마른 그 남자는 지금 어떻게 살아가고 있을까?

그의 어머니는 이제 세상에 계시지 않을지도 모른다.

어느새 내가 그 부인의 나이가 되었다.

창문 안 풍경이 인생이라는 하나의 쓸쓸한 구도構圖로 다가온다.

간위산艮爲山

욕심이 불러들인 화근일까?

눈을 감고 지내야 하는 벌을 받게 된 것은.

전구가 나간 어둠 속에서 불을 기다리는 순간처럼 초조한 날들을 보냈다.

밀린 책과 원고지가 기다리건만 노안老眼은 시치미를 떼고 돌아눕는 시늉을 한다. 깔깔한 눈앞에 갑자기 내리꽂히는 통증, 활시위 긋듯 지나간다.

'학문은 날로 채우려 들지만, 도道는 날로 비우려 한다' 爲學日益 爲道日損를 외우기만 하고 실천하지 못하는 나를 일깨우려는 채찍일까?

앎에 대한 욕망, 허상虛像을 내려놓으라는 경책인 것 같다.

눈을 감고 누워 지새우는 밤.

벌떡 자리에서 일어났다. 삼경이나 지났을까.

거실의 푸르스름한 어둠을 깔고 혼자 산처럼 앉았다.

나는 간위산艮爲山이 되었다.

산이 중첩된《주역》의 괘, 간艮은 등을 곧추세우고 가부좌를 틀고 앉은 사람의 형상이다. 순간 간괘艮卦의 '멈춤'이란 지止 자에 마음이 가 닿았다.

간은 그침[止]이니 멈출 때가 되면 그치고, 때가 행하여야겠으면 행한다는 〈단전〉의 말씀이 미묘하게 가슴을 파고들었다.

'책을 읽지 않은 지 십 년이다'라고 읊은 북송의 철학자 소강절에게 화담 선생은 '그는 읽음을 멈출 줄 알았다'고 말씀하지 않았던가. 다 내려 놓으라는 말씀.

읽음을 멈추어야 하는 벌써 그런 때란 말인가.

다시 허리에 힘을 주고 꼿꼿하게 앉아 본다.

앞으로는 일을 한 가지씩 줄이며 쉼休에 멈추어야 하리라.

흐름 위에 보금자리를 튼 공초空超 선생처럼, 시간의 물결 위로 그 흐름을 타고 그냥 흘러가야하리.

독좌무언獨坐無言.

다만 간위산으로 앉아 '무자無字'와 계합되고 싶다. 그리하여 내 육신의 일점一點조차 지우고 텅 빈 우주 속으로 무화無化되고 싶다. 적적요요 본자연寂寂寥寥 本自然이 심중心中에 닿는다.

만목滿目의 가을

은행나무가 노랗게 물들기 시작하면 마음에 따라와 번지는 가을. 깊숙이 그 속에 들어앉고 싶다.
거리를 거닐면서도 은행나무 잎을 살피게 되는 버릇, 야위어 가는 푸른빛의 퇴색을 심장深長하게 바라보게 된다.
미망迷妄에 갇힌 어느 젊음이 완성으로 이르는 길목 같아서다.

해질 무렵, 시월 넷째 주 올림픽공원을 찾았다.
눈에 가득 들어차는 가을, 단풍이 곱다. 원두를 잘 끓여낸 커피색의 갈참나무. 왕벚나무의 선홍빛 단풍도 곱지만 내가 마음을 빼앗기게 되는 것은 은행나무의 노란 단풍이다. 칙칙하던 녹음 속에서 깨어나 환하게 웃고 있는 얼굴. 내명內明한 어느 현자賢者를 만난 듯싶어 괜히 가슴이 설렌다.

이맘때가 되면 나는 연례행사처럼 은행나무 아래를 서성이곤 한다. 무엇인가 가슴에 차오르는 생의 충만감을 누르며 노랗게 물든 그 나무 밑을 즐겨 왕복하는 것이다. 작년에도 그랬고 내년에도 그럴 것이다. 아름답게 제 빛깔을 완성한 그 은행나무 잎들이 떨어지고 나면 그야말로 내 한 해는 다 가고 마는 느낌, 생존을 확인하는 교차 지점이기도 하다.

올림픽공원 남문 밖이다.

길가에 줄지어 선 은행나무들의 저 늠름한 자태. 리듬을 타고 나뭇잎들이 물결치자 거기에 카라얀의 뒷모습이 겹쳐진다. 그의 지휘봉을 따라 황금비가 노랑나비의 음표로 쏴르르 쏟아져 내린다.

석양 속으로 가벼이 가벼이 날리는 영혼.

눈앞에 펼쳐지는 이 장관을 어떻게 전하랴?

그때 전광석화처럼 운문雲門선사의 한마디가 머리를 스쳤다.

'체로금풍體露金風.'

'나무가 시들고 잎이 떨어지면 어떻게 됩니까?'

하고 제자가 물었을 때 운문은 '가을바람에 본체本體가 드러나지' 하고 이 넉 자를 썼던 것이다.

가을바람에 몸만 말고 마음의 비늘도 떨어내야 하리.

심신의 탈락脫落이 전제되지 않고서는 어찌 본체[진리]를 보랴.

요즘은 환幻인 줄 알면 곧 여읜다는《원각경》의 '지환즉이知幻卽離'를 가슴에 새기면서 곱씹고 있는 중이다. 자의식自意識이 그려놓은 허깨비[관념]에 속지 말라는 말씀을.

우수수 또 한 차례 황금비가 쏟아진다. 마치 하늘의 무슨 기별奇別 같다. 그것들은 노랑나비 떼처럼 공중을 선회하다가 사뿐히 내 어깨 위로 내려앉는다. 그것을 감각感覺하는 나라는 존재는 분명 여기 있는데 가합假合된 이 존재는 정말 있는 것일까?

갑자기 이런 생각이 든 것은 생명의 낙하落下가 바로 눈앞에서 펼쳐진 때문이다. '현상적現象的인 나'라는 그 존재가 없다는 것은 아닐 터.

'나'라고 하는 관념이 실체實體가 아니라는 사실을 깨닫는다. 그리하여 관념의 허상虛像과 주객主客이 떨어져 나간 자리에 오롯이 드러나는 본체[自性]. 운문은 그것을 말하고자 함이 아니었을까?

등뒤로 내려쪼이는 햇볕이 따스하다.
이런 날은 햇볕에 나와 옷을 말리다가 이[蝨]를 옷 속에 다시 넣어 입었다는 양관良寬선사가 문득 그리워지기도 한다.
설사를 하며 임종에 이르러 그가 내놓은 말.

겉도 보이고,

속도 보이며

떨어지는 단풍이여!

나는 이 시구를 좋아한다. 고매한 정신과 무상한 육체의 탈락. '떨어지는 단풍이여'로 언하言下에 드러나는 진면목眞面目.

'체로금풍'이다. 이렇게 주객을 떼지 않고도 분별을 떨쳐 버린 자리. 이런 자유인들이 그리워지는 계절이다.

소쇄한 가을바람에 본체를 드러내는 저 나무들.

저녁노을에 곱게 물든 은행나무가 금색 옷을 입으신 대일여래大日如來로 다가온다. 거룩한 광명의 현현顯現, 나는 그 앞에 잠시 망부석이 되었다.

눈 시린 이 만목滿目의 가을에.

내면內面 일기

 갈라진 구름의 틈새로 언뜻 내보이는 햇빛처럼 그렇게 떠오르는 얼굴들이 있다. 길을 걷다가도 별안간 어떤 오감五感의 부딪침에서 촉발되는, 내면의 찰과상과도 같은 그런 감정들이 무료한 내 심상心像 위로 떠오르면 그것들을 보듬고 천천히 발걸음을 떼게 된다. 인사동 길로 접어들었다. 특히 안국동에서 종로로 빠지는 인사동 길은 백두대간과도 같다. 젊은 날 근무하던 곳이 이곳이었고, 6년 동안 다닌 여학교도 이 근처였다. 어느 곳 하나 추억되지 않는 곳이 없다.
 인사동 입구의 크라운베이커리 건너편 2층엔 검여 유희강 선생의 서실이 있었고 통문관 3층엔 추전 김화수 선생의 화실이 있었다. 합죽선에 그려 준 오죽烏竹은 그린 이를 닮았다. 고즈넉하던 이 골목이 반세기가 지나 외국인들로 붐비는 거리가 되었다.

　앞만 보고 걷는데 누군가 어깨를 툭 치는 손길이 느껴진다. 돌아보니 낯선 사람뿐이다. 손가락을 튕기면 팽팽한 현의 가락이 울릴 것 같은 하늘이다. 올려다본 가을 하늘의 고공高空 저쪽에 슈베르트 음악을 들으며 혼자 생을 마감한 P의 얼굴이 떠오른다.

　좌판에 앉아 있는 서러운 햇과일처럼 겨우 제 빛깔을 갖춘 사과 한 알의 투명함, 그 개체個體와 마주하던 시간 속 얼굴이 떠오른다. 인사동 네거리에 서 있는 지금도, 햇과일은 여전히 내게 청빈한 아침이요, 서러운 충일이다.

　인사동 네거리 왼편에는 MBC 방송국이 있었고 우리《실험극장》동인들은 이 근처에서 자주 모였다. 장맛비에 갇혀 종일 떠들던 2층 그 다방을 눈으로 좇는다. 긴 여름 방학, 가난과 열정 그리고 황홀과 불안이 교차하는 60년대였다. 워크숍 때 나와 메텔링크 조組였던 H씨는 성공한 연극인이었다. 이중섭의 소 같은 뚝심에 침착한 연출가의 면모가 돋보였던 사람. "…추석을 우리 함께할 수 있을 것으로 믿고…." 소인이 찍히지 않은 그 엽서가 아직도 새로운 것은 내가 일찍 그 동네를 떠났기 때문일 것이다.

　"우리는 취해야만 한다. 술에, 시에, 그리고 사랑에." 불문학도인 C가 혀 꼬부라진 소리로 외치자 누군가가 되받아 "술에,

연극에 그리고 사랑에"로 고쳐 말했다. 끔찍한 시간의 무게를 느끼지 않기 위하여 끊임없이 취해야 한다던 보들레르의 시였다. 원문이 '술에, 시에 또는 덕성에' 임을 알게 된 것은 나중 일이었다. 안주도 없이 배갈로 가슴에 불을 지피던 시절, 막연한 불안과 허기와 그 장대비 소리는 우리를 데카당스에 젖게 했다.

데카당스하지도 못한 게 데카당스한 척한다고 나를 한 방 먹이던 K도 캐나다 어느 마을에선가 지금쯤 늙어 가고 있을 테지. 그동안 나는 무엇을 했나? 굴러 떨어지는 바위를 들어 올리는 시지포스처럼 무엇인가를 하지 않은 적이 없었는데, 무엇을 했는지도 모르겠다.

인생에는 반드시 목적이나 의미가 있어야 하는 걸까? 그런 것들을 생각하는 날이 많아진다. 목적의 불필요를 말한다면 뜻을 이루지 못한 자의 변辯이라고 할 테지만 사실 인생을 사는 데 반드시 목표나 의의 같은 것은 필요 없다고 생각된다. 계량計量에서 벗어나 자연 자체가 되어 버린 농부의 삶이 부럽다.

기실 무엇이 되고자, 그것에 가깝게 도달하고자 애썼으나 그 무엇이라는 것 역시 하나의 가설이거나 말뚝 같은 간이역에 불과한 것이 아니었을까? "인생을 즐긴다는 것 외에 인생에 무슨 목적이 있겠는가"라고 임어당은 말했지만 즐긴다는 그것에도 나는 동의하지 않는다. 끔찍한 시간의 무게를 느끼지 않기 위해서인가, 보들레르를 비롯한 프랑스의 작가들은 밤마다 생 루이 섬에 있는 로쵤관에 모여 환각 파티를 벌였다. 신비주의적인 의식의 확장과 행복을 맛보려고 그들은 해시시 반죽을 먹었다. 인공人工낙원을 꿈꾸었으나 종내에는 정신병원으로 끌려가고 말았다.

환각 상태에서도 그들은 되물었다고 한다.

"이것은 행복인가, 고통인가?" 그러고 보면 우리가 살아서 즐길 수 있는 환락의 종류도 그리 많은 것 같지 않다. 생계를 위해 안경알을 갈던 스피노자는 심심하면 거미를 잡아 싸움을 시켜 놓고 구경했다고 한다. 재미있었을까? 그의 수척한 얼굴이 히죽이 웃을 것만 같다. 달리 더 할 수 있는 일은 없었을까?

재미있지도 않은 세상, 살아서 좋은가를 되묻는 사람이 저 상점 유리창 안으로 지나간다. 힐끗 쳐다보니 무성 영화의 한 컷 같다. 쉴 겸해서 나는 사람들의 통행이 잘 내다보이는 찻집에 들어가 자리를 잡았다. 차를 주문하고 사람들 틈에 할 일 없이 앉아 본다. 저승을 넘나드는 흑인 올훼의 거울 속에 내가 들어 있는 것 같다.

어김없이 오후만 되면 고급 레스토랑 창가에 와서 자리를 잡는 노인이 생각난다. 이 독거노인은 서너 시간씩 창밖을 내다보면서 사람들을 구경하며 무료한 시간을 죽였다. 인간의 삶은 다층적 고뇌이며 철저하게 불행한 상태라고 생각한 쇼펜하우어였다. 인간사를 그는 고난의 역사로 규정지었다. 나도 그와 의견을 달리하지 않는다. 인생은 고통을 체험하기 위해 태어난 존재가 아니던가 싶다. 내던져진 하나의 불안한 존재. 그들이 바쁘게 오간다. 오고 가는 통행인을 무연히 바라본다.

갈 때는 가는 것이 다인 것처럼 가는 일에만 몰두하지만, 반드시 떠난 곳으로 돌아와야 하는 법. 쓸데없는 노릇인 줄 알면서도 괜히 신발만 닳게 할 뿐인, 이것이 산다는 것이 아닐까. 달리 무엇을 더 할 수 있을 것 같지도 않다.

나는 이따금씩 상반된 작가들의 자의식을 짚어 볼 때가 더러 있다. 자신의 폐병이 무거워졌을 때, "모든 것에서 해방된 것 같은 기분이 들었다"는 카프카와 "슬프게도 병이 낫기를 바라지 않는/이상한 마음 나에게 있네./이 무슨 마음인가"라고 되묻는 이시카와 다쿠보쿠. 상반된 이런 심리가 또한 내게도 있으니, 참으로 알 수 없는 다층적인 인간의 내면에 고개가 갸우뚱거려진다.

조계사 쪽으로 빠지는 인사동 사거리 우측에는 '아자亞字방'이 있었다. 자그마한 한옥에 초정艸丁 김상옥 시인이 부인과 함께 가게를 지켰다. 신년이면 연하장에 글씨를 받겠다고 모인 문인들의 얼굴이 떠오른다. 초정 선생은 재주가 많은 분이었다. 사거리에서 직진하면 내가 다니던 종로구청 청사가 있었고 건너편에 종로도서관이 있어서 점심시간이면 책을 반납하러 다녔다.

그 무렵, 김구용 선생이 가끔 사무실에 들러 주셨는데 차를 대접하러 올라갔던 그 이층 다방은 보이지 않는다. 그분들은 모두 고인이 되셨다.

나는 지금 기다란 시간의 축 위에 그림자를 늘이며 혼자 서 있다. "죄수들에게는 시간 그 자체가 진행하는 것이 아니고 회전할 뿐"이라는 어느 작가의 말이 요즘 절실하게 와 닿는다. 산다는 것은 정말 인생이라는 하나의 축 위를 맴도는 것처럼 생각된다. 한껏 멀리 달려온 것 같은데 발밑은 기껏 제자리걸음. 그리하여 우리는 언 땅의 팽이처럼 고난이라는 하나의 축 위를 회전할 뿐인 것 같다. 그러다가 어느 시점, 제풀에 멈추어 서고 말테지.

멈춤으로 가는 동안 세탁기에서처럼 잦아드는 속도감의 여진이 몸으로 느껴진다. 눈도 전 같지 않다. 가난한 서생에게 간편簡便한 즐거움이란 책 보는 일이건만 세월은 그마저도 허락지 않는다.

만년에 시력을 잃은 주자朱子는 눈을 감고 가만히 앉아 있으면 흩어진 마음을 수습할 수가 있고, 눈앞의 외계 사물에 마음이 흔들리지 않으니 좀 더 빨리 장님이 되었더라면 좋았을 것이라고 했다지만, 그런 경지에도 못 미치고 보니 엉거주춤 그 경계선에 걸쳐 있을 뿐이다. 책장을 덮고 이제 무엇을 할 수 있을까? 할 일이 별반 없는 것 같다. 흔들리지 않는 마음 되기를 꼽아 본다.

그러나 나는 다만 창 밖 보행자들을 멍하니 바라보며 쇼펜하

우어처럼 앉아 있다. 전인前人의 답습, 이것도 인생인 것 같다. 다시 이 의자에 앉을 사람은 누구일까? 이렇게 지나가는 인사동 사람들 중에 '하나일 뿐인 나'라고 적어 둔다.

관여觀如의 그림자와

때는 무자년(2008) 십일월 입동 무렵, 공원에 나와 낙목한천落木寒天 속에 앉아 있다. 비 오듯 쏟아지는 낙엽을 바라보면서.

생애를 회고하는 데는 언제나 가을이 제격이라던 어느 시인의 말대로 문득 지난 삶이 되돌아보아진다.

마음보다 몸이 더 추웠던 시절도 지나고, 어느새 마음이 더 시린 노인이 되었네그려.

몇 푼 돈도 되지 않는 일에 시간을 팔고 딱하게도 얼마 남지 않은 자투리 시간을 붙들고 자네는 애를 쓰고 있군.

관여선생, 왜 내 말이 거슬리기라도 하는가?

살아 있으니 무언가 열심히 하지 않으면 안 될 것 같은 불안감이라도 드는 것인가?

아닐세. 우린 물살이 빨라진 흐름 위에 이미 있지 않는가. 그냥 흘러가는 것이지. 다만 지는 해를 붙들 수는 없지만 사라져 가는 그 광휘의 순간, 그것과 눈 맞춤의 경배라도 해야 하는 것 아닌가 해서….

봄에도 나는 가을의 끝자락을 생각했다네. 눈부신 일출보다는 장엄한 낙조 앞에서 언제나 삶의 경건함을 다지곤 했지.

그걸 왜 모르겠는가?

자네와 서로 만나 짝이 된 지도 어언 67년. 그림자로서 나는 자네를 줄곧 지켜보았네.

마음이 쓸쓸해지는 날은 몸이 벌떡 일어나 신발 끈을 조이고, 몸이 꾸므레한 날에는 마음이 몸을 이끌고 찾아와 앉던 자리. 개농공원을 찾은 지도 십여 년째, 10년이면 강산만 변하는 게 아니구려. 나무가 잘 자란 공원은 그동안 실해졌고 사람은 부실한 노인 꼴만 더해 가네.

늘 가서 앉던 자리도 꽃밭이 되어 요즘은 공원 표지석이 있는 버찌나무 옆을 지정석으로 삼고 있지.

봄에는 화사한 벚꽃이 제 먼저 의자에 앉아 잠시 우리를 머뭇거리게 했던 그 벤취, 지금은 붉게 물든 버찌나무 잎이 햇볕을 받아 선홍색으로 불타고 있소.

멍하니 그것을 바라보는 혼자만의 시간, 단풍이 단풍을 보네그려.

언제나 중요한 순간에 자네는 늘 혼자더군.

첫 아이를 인큐베이터에 떼어 놓고 청량리 위생병원에서 혼자 여명을 지켜보던 성애 낀 창, 세상이 얼어붙는 날씨 소한이었지.

돌아가신 분을 끌고 병원을 다녀와 해질녘 어머니의 부고를 알리려고 전화부스 앞에 섰을 때도 혼자였네. 자네는 늘 혼자인 것을 좋아했네.

안채와 떨어진 아버지 서재에서 책 냄새를 맡으며 어둑해질 때까지 혼자 앉아 있던 열 살짜리 꼬마의 모습은 그대로 자네의 초상화가 되었네그려.

고단孤單한 것을 좋아하면 팔자가 외롭다고 꾸중을 듣고도 남정, 박노수의 그림이거나 왕유의 시 〈우중산과락雨中山菓落〉을 좋아했던 자네. 허긴 혼자인 것처럼 편한 것이 어디 있던가? 제 감정에 충실할 수 있고 또 자기 성실을 견지하는 데도 고독만 한 것이 또 있겠는가.

결혼 전 서모에게 배척당하고 수유리 남의 집 뒷방에서 자취할 때, 좁은 창문으로 중추 십오야의 달빛이 흘러들어왔지. 그때 별안간 자네는 단독자單獨者로서의 카뮈의 뫼르소를 끌어안더군.

그는 좁은 독방의 창문을 통해 찬란한 밤 하늘과 고요. 그것이 문득 자연과 인간에 대한 무관심인 것처럼 보이며 그의 인생에 대한 무관심과도 일치된다는 생각에 행복감에 젖었지. 그러나 자네는 행복해하지도 슬퍼하지도 않았어. 카뮈는 뫼르소가 처형당할 때, 많은 사람들이 모여 증오의 부르짖음으로 그의 죽음을 맞아주기를 바란다고《이방인》에서 쓰고 있었지.

자네도 그땐 '이방인'이었네. 이유 없는 살인, 자신의 죽음마저도 객관적일 수 있는 그를 자네는 몹시 부러워하는 눈치더군.

카뮈는 한때 문학적 열정으로 들끓던 자네 젊은 날의 주인공이기도 했지.

'나는 아무것도 부러워하지 않는다' 는 그를 자네는 마음속으로 부러워하였고 '아무 희망도 없고 완전히 죽어서 없어진다는 생각을 가지고 살고 있습니까? 라는 질문에 자네는 카뮈처럼 떨리지 않는 목소리로 "그렇습니다"라고 대답하고 싶다고 책에 써 놓았더군.

나야말로 내세來世나 천국 따위의 희망에서 벗어나 완전히 죽어서 흙과 동화되어 흔적 없이 사라지고 싶다는 생각을 요즘 간절히 하고 있다네. 사실 죽음이란 극복해야 할 대상도 아닌 것 같네. 오는 대로 맞이해야 할 손님 같은 것 아닐까.

우리가 산다는 것은 죽음을 두려워하다가 죽음을 사랑하게 되기 위해서라고 헤세는 말했지만, 나는 죽음을 두려워하지도 않겠고 미리부터 그것을 좋아하지도 않겠네.

죽음이란 저 단풍든 잎사귀의 낙하落下와도 같은, 자연스러운 일이 아니겠는가.

관여 선생, 내가 보기에 요즘 자네는 활자와 숨바꼭질이 심하더군. 너무 애쓰지 말게. 그래서 말라르메 선생도 탄식하지 않았던가. '아! 육체는 슬프다. 내 만 권 서적을 읽었건만…' 누구라 인생무상을 비켜 갈 수 있겠는가. 자네 말대로 이제부터는 문자 없는 공부를 하면 되지 않겠나.

충실한 몸종으로 끝까지 자네를 지켜주고 싶었으나 이젠 버텨 줄 기력이 허락되지 않는군. 미인하이. 밍가진 수레같이 되어 버린 몸, 생로병사가 한달음에 지나가고 있네.

사실 우리가 만난 67년이란 세월도 짧은 것이 아니었네.

우리는 무엇을 했지?

그대와 나, 서로 만나 그동안 좋았던 시절이 있었던가? 행복했던 시절이?

'어머니, 우리도 행복할 수 있는 시간이 있을까요?' 보들레르의 이 말을 유난히도 자네는 좋아하는 걸로 알고 있네. 그래서 나는 더욱 더 자네가 마음껏 고무되어 한순간에 불타오르는 것을 보고 싶어 했지. 행복한 시간을 가졌으면 했네. 그러나 뒤에서 누가 잡아당기기라도 하는 것처럼 자네는 매번 가라앉고 말더군. 다음 생엔 부디 응석받이 도련님으로 태어나시게.

그러고 보면 우리는 무던히도 곤궁한 길을 걸어온 셈이네.

잠이 덜 깨인 이른 새벽, 화장실에 앉아 머릿속은 그날의 스케줄을 더듬고 있는 자네가 몹시 안쓰러웠네. 집과 일터로 바쁘게 돌아치던 박봉의 그날들을 기억한다네. 걱정 없이 활짝

웃는 자네의 얼굴이 갑자기 보고 싶어지는군.

내가 자네와 만나 가장 많이 한 일은 아무래도 무덤 동행이었던 것 같네.

1958년, 동생의 미아리 공동묘지로부터 시작된 묘지 순례와 죽음에 대한 탐구, 허난설헌의 무덤에 잔을 치면서도 자네는 어머니를 마음속으로 조문하더군.

유진 오닐과 다자이 오사무·보들레르의 무덤에서는 가족 간의 상처와 인생의 패배를 가슴에 새기고, 셰익스피어·이백·도연명·도스토예프스키·괴테 등에서는 위대한 문학 혼과 만나더군. 그럴 때는 나도 덩달아 기뻤다네.

여행 경비와 언어의 불편을 무릅쓰고도 감행된 묘지 순례는 세상에 태어난 자네의 유일한 사치이며 위안이었던 걸 기억하네. 또한 그들에게 바치는 진혼이, 그 숱한 발걸음이 무엇 때문이었는지도 조금은 알 수 있을 것 같았다네.

특히 시인 네르발이 창틀에 목매어 죽은 곳을 찾아 혼자 서성이던 파리에서의 그 아침을 기억하네. 일행과 떨어져나와 참담함을 되새기는 자네의 그런 시간의 속 뜰을 나는 뒤에서 지켜보았지.

이젠 우리 차례가 가까워지고 있구려.

홑겹으로 남은 달력 한 장, 금년도 얼마 남지 않았군. 자네와 나의 이별도 기필코 찾아오겠지. 급박한 일이 생기기 전, 미리 인사를 해 두는 것도 좋을 듯싶네.

관여의 그림자로서 산, 한 생을 나는 후회하지 않겠네. 자네를 따라 인생의 아픈 마디를 볼 수 있었소. 쉽지 않은 인생이었소.

이 몸은 그대에게서 떨어져 나가겠지만 영혼의 진화進化에 대해서도 가끔은 생각하게 된다오. 건각健脚은 아니었지만 그동안 고마웠소.

잠깐 해 떨어지니 바람결이 금세 달라지는군.

관여 선생. 심심한데 우리도 베케트 씨의 '고도'나 흉내 내어 볼까?

'그럼 갈까?' (그림자)
'가자.' (관여)

무대에서는 이럴 때, 조명이 꺼지고 아마도 천천히 막이 내릴 것이네.

자리에 앉다

 무자년 제야除夜, 침잠되는 마음을 붙들고 고요히 자리에 앉는다. 생의 궁극적인 물음이 저 우주의 끝에 닿는다.
 '어디에서 왔으며 어디로 가는가?'
 가고 오는 것은 무엇이며, 보고 듣는 그것은 대체 또 무엇인가? 무엇이 보는가? 눈이 보는가, 눈 뒤의 안식眼識이 보는가. 안으로 참구해 들어간다.
 손바닥을 힘껏 마주쳤다. 딱! 이렇게 보는 것이 아닐까? '눈과 그것을 보게 하는 능력, 존재자와 존재의 간격도 없이 딱! 이렇게 봅니다.' 답을 써 본다.
 욕망 덩어리, 에고인 내가 보는 것이다. 4차원의 어떤 신령한 능력이 3차원의 나를 역사하는 것이 아니라 3차원인 그대로의 선험先驗에 물들지 않은 내가 보는 것이 아닐까?

그동안 4차원은 좋고 3차원은 열등하다고 생각한 내 자신이 거기에 포함되어 별안간 딱해진다. 눈가가 젖어들며 몸 안에선 부스럼딱지[에고] 같은 것들이 떨어져 내린다. 손바닥을 마주치니 3차원과 4차원의 간격이 없다. 존재자와 존재도 그런 것이 아닐까. 하긴 존재자(인간)가 없다면 존재(성령)가 어디에 깃들 것인가? 조건이 맞아 '딱' 하고 하나로 나오는 그것. 생명이 보는 것 아닐까? 망상은 꼬리에 꼬리를 잇고 있었다. 애써 찾아낸 답 '생명'은 관념이라는 것이다. 그것들은 작용하는 무엇에 붙여진 이름일 뿐, 실체가 아니라는 사실이다. 따라서 머리로 찾은 답은 몸 안의 무명無明을 어찌지 못한다. 온몸이 통째로 의단疑團과 한 덩어리가 되어 칠통 같은 무명 업식業識을 뚫어야만 생사生死 없는 자리를 알게 된다는 것이다.

천지 허공이 갈라지는 경계를 몸으로 체득해야 비로소 안목眼目이 열리며 '붉은 화로에 떨어지는 일점설一點雪'을 마주할 수 있다는 것. 겉마음[의식]이 속마음의 부처[自性] 보는 일을 견성見性이라고 한다.

나는 선지식의 이 같은 충고를 상기하면서 다시 화두를 든다.

'만법은 하나로 돌아가는데 그 하나는 어디로 돌아가는가? 萬法歸一 一歸何處.'

'일귀하처의'의 화두를 나는 좋아한다. 만공滿空 선사도 이 화두로 깨쳤다.

어느 날 벽에 기대어 서쪽 벽을 바라보던 중 홀연히 벽空이 없어지고 눈앞에 일원상一圓相이 나타났다. 마침 '응관법계성 일체유심조(법계를 관할진대 모두가 마음의 지음이라)'를 외우던 중이었다. 그때 두우둥 둥 새벽 종소리가 울려 왔다. 한순간에 미망의 경계가 벗겨지고 어두웠던 눈앞이 환하게 열리더라고 했다. 그 하나는 어디로 돌아갔을꼬?

만법萬法이 만 가지로 벌어짐은 온갖 존재의 차별을 뜻한다. '하나'로 돌아간 '귀일歸一'의 자리는 자취를 감춘 평등의 세계를 지칭하는 것이 아닐까. 여기에 차별과 평등의 문제가 대두된다. 모든 것은 연기緣起에 의해서 차별적 현상이 벌어지게 된다. 사물의 실체 없는 공성空性을 안다면 일체의 차별이 근원적인 한 가지 이치로 회통된다는 뜻이리라.

요즈음 나는 내 안에서 일어나는 현상을 주목하게 된다. 생기를 잃고 점차 시들어 가는 감각, 눈의 초점이 뿌옇고 흐릿하다. 입안이 마르고 눈이 뻑뻑한 것은 몸 안에 물이 준 탓이다. 그것들은 나를 구성하고 있는 오온(五蘊, 존재의 요소)의 변화이다. 시간이 점차 오온의 공성空性을 깨닫게 한다. 그리하여 몸에는 생로병사가 있게 되고 마음에는 생주이멸生·住·異·滅의 파고가 이어진다. 한 생각이 일어나서 머물다가, 다르게 변화해 가더니 그만 사라져 없어지고 마는 일념一念의 생멸生滅, 존재하는 모든 것들은 그렇게 생멸을 거듭한다.

조건만 맞으면 연기상황으로 일어났다가 조건이 다하면 돌아간다. 귀일歸一이다.

"생은 어디서부터 오는 것이며, 가면 어디로 가는 것입니까?"

어느 노파가 세존께 물었을 때, 그의 대답은 이러했다.

"생은 쫓아오는 것이 없고, 가서도 가는 곳이 없으며 늙음도 병사病死도 모두 쫓아오는 곳이 없고 가서 이르는 곳이 없느니라. 비유컨대 두 나무가 비벼서 불을 내면 도리어 그 나무를 태우고 나무가 다 타면 불이 꺼지는 것과 같다."

또 어떤 이는 생사의 문제를 촛불에다 비유했다. 촛불이 타서 없어지는 것 같지만 그 기氣는 우주 안에 그대로 있는 것과 같아, 사람도 죽으면 보이지 않는 우주 속에 그대로 있다. 죽어 흩어짐은 형체만 흩어질 뿐이요, 담일 청허한 기운의 뭉침은 끝까지 흩어지지 아니한다고.

그 사람은 죽음과 삶을 다만 기의 뭉침과 흩어짐일 뿐이라고 말했다. 그렇다면 무엇이 흩어짐과 뭉침을 있게 하는가? 그것은 어떤 외부의 힘에 의해서가 아니라 그 자신 스스로가 그러하다는[自然] 것이다. 자연이다. 모든 사물은 극極에 달하면 원점으로 되돌아온다. 시작된 근원으로 마침을 돌이킴이니 시작과 끝을 알기에 생사生死의 문제 또한 알 수 있다고《주역》은 말하고 있지 않은가. 원시반종原始反終이다. 하므로 돌아갈 자리가 바로 떠나온 그 자리인 것을.

어느 선사는 '전前 3·3, 후後 3·3'으로 본래면목本來面目

의 그 자리를 짚었다.

서산西山대사의 임종게도 여기에서 멀지 않다.

'80년 전에는 저게 나이더니 80년 후엔 내가 저인가' 하고는 앉은 채로 열반에 드셨다. 만공스님도 앉은 채로 입적했다.

밤은 깊고 사위는 적막하다. 나는 지금 혼자 앉아 있다. 여기에 한 물건이 있는데 일찍이 난[生] 적도 없고 죽지도 않는다고 한다. 왜냐하면 본래부터 적멸상寂滅相인 때문이다. 이대로 앉아서 요달了達해 마쳤으면 좋으련만.

'그 하나는 어디로 돌아가는가?'

앞서 떠난 그리운 이들의 얼굴이 차례로 떠오른다. 그들은 지금 어디에 있는가? '일귀하처一歸何處' 하고 소리 내어 외쳐본다. 한 생각이 일어나는 그곳을 거슬러 올라가 본다.

창 밖에선 마침 눈발이 날린다. 제야를 장식하듯 눈꽃송이가 춤추며 허공을 선회한다. 찰나 찰나 거기에도 일념一念의 생멸生滅이 따라붙는다. 눈꽃처럼 망념妄念이 녹아내린다. 무엇인가가 내안에서도 뜨겁게 넘어간다. 초점이 흔들리는 저 눈밭 속에 부동자세로 서 있는 한 사내. 눈은 밤새도록 내려 무릎에서 그의 허리까지 차올랐다. 흰 눈밭을 붉은 피로 물들인 혜가慧可의 단심丹心. 그의 사생결단은 감히 흉내조차 낼 수도 없거니와 나는 다만 이렇게 앉아 숨고르기를 할 뿐이다.

기축 년(2009년) 여명 앞에서 숨쉬는 당체當 를 돌아다본다.

숨쉬는 이 물건은 대체 무엇인가.

2부

침묵의 의미

활자와 문화

책은 책으로 읽어야 한다

온고지신

수구초심

문인들의 옛집

한래서왕

사자신중지충

작은 방

침묵의 의미

데스크에서 교정을 보는 게 주요 업무인 때가 있었다. 하루 종일 남의 글만 읽는다. 번쩍 눈에 띄는 것은 드물고 해가 겨워지기 시작할 무렵이면 목덜미가 뻐근해왔다.

수필의 대부분은 비슷비슷한 일상사요 지나온 삶의 편린들로 시차적인 기록들이었다. 하품을 쫓을 만큼 펄떡거리는 황금비늘의 대어는 만나기 어렵고 그래도 돋보기를 고쳐 쓰고 읽고 또 읽는다. 그러다 보면 마음에 끌리는 소재를 다룬 글과도 만나게 되는데 소재를 설명하느라 예시 부분으로만 그쳐 버린 경우에는 안타까웠다. 마치 호젓한 오솔길을 따라나섰는데 별안간 길이 뚝 끊기고 마는 막다른 절벽과 만나는 느낌이었다.

왜 과감히 진일보하지 못하는가? 글 속에서 왜 생각이 성큼성큼 나아가지 못하는가? 경험의 기록, 체험의 진술에만 그치지 말고 한 발 더 나아가 그 소재가 갖는 의미 천착이나 인생에 대한 필자의 해석 같은 그 작가의 견처見處를 기대하게 되는데 그것들의 대부분은 용두사미로 끝나는 경우가 허다했다.

사유의 빈곤일까? 독서량의 부족도 짚어보게 된다. 어차피 문학이란 인간에 대한 물음 아닌가. 그러므로 어떠한 글일지라도 인생과 깊이 관련된 삶의 해석이 뒤따라야 한다. 그것의 결여는 문학성에서 멀다고밖에 할 수 없다.

고통스러운 우리의 삶, 거기에다 문학은 사유의 둥지를 틀고 근원적 물음을 던지고 있는 것 아닌가. 간단히 정의할 수 없는 인간이라는 존재의 모순과 이기심. 죄와 구원과 양심의 문제 등 인간에 대한 탐구가 먼저 선행되지 않고서는 인간에 대한 깊은 이해는 기대하기 어렵다.

'나는 인간이다. 인간적인 것은 무엇이나 내게 이상하지 않다'는 몽테뉴의 말이 아니더라도 인간에게 일어나는 그 어떠한 것도 이해할 수 있는 넓은 가슴과 사물을 바라보는 따뜻한 시선이 작가에게는 요구된다.

절망과 고통에 처한 우리에게 위안을 주는 것이 문학이라면 작가는 그 절망을 딛고 우리에게 다가오지 않으면 안 된다. 그만큼 인간에 대한 이해가 깊어야 한다는 뜻이다. 역사적 인물과의 해후, 작가의 내면 탐구, 숱한 인생들과의 간접경험은 독서를 통해 보충될 수 있다. 사유와 독서를 통해 충전되지 않으면 그리하여 스스로 깊어지지 않으면 깊은 글은 쓸 수 없다.

문학은 그 사람의 깊이만큼 쓴다고 한다. 작가의 인간적 가치가 곧바로 작품의 가치로 환산되기 때문에 인생을 바라보는 작가의 안목과 그것을 해석해내는 다른 차원의 눈이 요구된다. 다시 말하면 인생을 바라보는 인간에 대한 안목이 필요하다는 결론이다.

그런데 다행인지 불행인지 우리 수필가들의 대부분은 식생활이 그다지 절박하지 않고 비교적 체면 유지가 가능한 편이다. 해서 심각한 갈등이나 깊은 좌절 따위는 잘 눈에 띄지 않는다. 살다가 혹시 어려운 일을 당할지라도 익혀온 중용의 덕성으로 균형 감각을 잃지 않는다. 온당하며 지극히 상식적이다. 함부로 구겨지지도 망가지지도 않는다. 파격과 일탈을 꿈꾸지도 않는다. 건전한 상식, 이러한 담성(淡性)만으로는 치열한 창작 행위는 기대하기 어려울 것이다. 우리는 좀더 자신에게 정직해야 한다. 어차피 완성되지 못한 하나의 인간, 숱한 동물적 욕구와 이상을 동시에 품고 있는 모순적 존재이므로.

문학은 인간 벗기기다. 인간의 껍질 그 속에 도사리고 있는 위선과 숱한 욕망, 그 좌절을 꺼내 해체하는 작업, 해체 뒤에는 다시 조립이 가능하다. 상처의 봉합, 문학은 이런 작업을 통해 진흙 구덩이에서 오롯이 피워올린 한 송이의 연꽃과 같다고나 할까.

고통을 딛고 맑게 피어난 얼굴, 그 순화된 정신과 만나고 싶다. 한데 왜 우리는 정직하지 못한가, 치열하지 못한가? 이러고도 인간을 다루는 작가라고 말할 수 있을까를 깊게 반성해야 하리라.

무엇을 쓸까? 원고 청탁을 물리치지 못하고 마음이 더러 조급해질 때가 있다. 이럴 때는 과감히 침묵해야 한다고 스스로에게 타이른다. 안에서 물이 차오를 때까지 기다리지 못하고 웬만한 평판에 안주하면서 적당한 솜씨로 대충 써낸다면 그것은 뒷날 후회를 불러오게 마련이다. 소외되더라도 침묵하는 편이 낫다.

침묵 속에서 사유의 강폭을 넓혀 나가는 일이 작가에게는 무엇보다 중요하다. 뮈조트 성관에 스스로 소외된 릴케의 그 뼈저린 고독과 침묵에 나는 깊은 감동을 전해받은 일이 있다. 철저히 고독해지기 위해서 단독자單獨者로서의 그가 선택한 길이었다.

뮈조트 산간 마을에 밤이 내려 만물은 편안히 졸고 있는데 오직 끝없는 극심한 하나의 슬픔이 한 영혼의 고독 속에 깨어 있다고 그는 말한다. 영혼의 고독 속에 늘 깨어 있기 위해서 그는 혼자여야 했다. '존재하라, 그리고 동시에 비존재의 조건을 알라'고 외친 그의 음성이 들리는 듯하다.

고독 속의 침묵, 침묵의 시간을 많이 가져야 되겠다.

좀더 외진 마음으로 가난한 영혼이 되어 침묵 속에 깊이 침잠하자고 다짐한다. 일차적으로 그것은 나를 구원할 것이다. 비로소 깊은 독서가 가능해지며 오롯한 사유의 세계에 대한 접

근이 허락되리라고 믿는다.
 뮈조트 성관이 아니더라도 나는 그 속에 기꺼이 함몰되고 싶다.

활자와 문화

 부엌일을 마치고 돌아서려는데 남편이 인류의 발명품 중에서 가장 유용한 것 한 가지만을 대 보라는 것이다. 갑자기 무슨 말인가 싶어 쳐다보니《지난 2천 년 동안의 위대한 발명》이란 책이 그의 손에 들려 있었다. 가전제품의 고마움을 잊을 수 없어 '전기'라고 하다가 책이 더 소중해 '인쇄기계' 하고 고쳐 말했다. 버클리대학의 어느 교수도 구텐베르크의 '인쇄기계'를 꼽았다. 세계의 지성 110명이 선정한 이 품목 중에는 '숫자'와 '인쇄기계'가 가장 많은 득표를 점했다. 미시건대학의 랜돌프 네스 교수도 2천 년 동안 세상을 가장 많이 바꾸게 한 것은 인쇄기계라고 답했다.

 글은 인간의 사고구조와 독특한 관계가 있고 우리 정신세계와 문화에서 핵심적인 역할을 한다는 그의 부언이 아니더라도 글은 곧 정신이요, 문화와 동일 선상에 놓인다. 그래서 '문화는 독서(culture is reading)'라고 지칭하지 않는가. 독서만큼 사람을 바꾸게 하는 것도 없다.

'모든 병은 고칠 수 있으나 속기俗氣만은 고칠 수 없는 것. 다만 책만이 그것을 고칠 수 있다'고 신흠 선생도 말씀하셨다. 속기는 물론, 책은 독서하는 이의 얼굴도 변모시키는 힘을 발휘한다. 때로는 인격의 향기와 교양의 유무까지도 가늠하는 척도가 되기도 한다. 책은 이렇게 사람의 기氣와 질質을 바꾸어 놓는다.

이제 책을 가까이 하기에 더없이 좋은 계절이 되었다. 우리가 문화시민이 되는 일, 문화적으로 되는 일은 독서와 연관된다. 문화란 무엇인가? '문화란 인간 내부에 있는 동물적인 본능을 길들여 가는 일'이라고 칼융은 정의했다. 그것을 나는 이렇게 바꾸고 싶다. '독서란 인간 내부에 있는 동물적인 본능을 길들여 가는 일이라고'

오늘은 한글날, 특별히 기억하고 싶은 두 임금이 있다. 한글을 창제하신 세종대왕과 문화적 황금기인 진경眞景 시대를 이룩한 정조대왕이다. 세종은 자신의 왕권강화를 위해 치러진 엄청난 희생을 잘 알고 있었다. 훌륭한 임금이 되지 않으면 안 된다고 스스로에게 얼마나 많은 다짐을 했던가. 만년에는 눈이 깔깔하여 더 이상 독서도 할 수 없는 상태가 되어버렸다. 훈민정음도 안질이 심하여 반 실명한 상태에서 창제되었다고 한다.

많은 정적政敵 속에 둘러싸인 정조 또한 고독한 군주였다. '지나치다 싶을 정도로 공부하지 않으면 마음이 편치 않았다. 열심히 책을 읽으면 오히려 피로가 풀렸다'는 기록도 함부로 보아 넘길 수가 없었다. 사람은 다소 불우해야 성聖스러운 마음을 갖게 되는 것 같다.

책은 책으로 읽어야 한다

 K선생 댁에서 원고를 받아들고 나올 때였다. 온기가 느껴지는 육필 원고였다. 집 앞에서 택시를 기다리는 동안 선생은 겨울 바람 같은 목소리로 말했다.
 "앞으로는 신문도 인터넷으로 읽고 종이로 된 책은 없어지게 될 날이 올 것"이라고. 그러면서 어려운 문학지에 매달려 있는 나를 염려해 주셨다. 안성에서 버스로 달려오는 동안 내내 나는 차안에서 우울했다. 그런 조짐들은 현실로 나타나고 있기 때문이다. 그러나 나는 아직 희망을 버리지 않기로 했다.
 며칠 전, '책 읽는 기업이 산다'는 모 기업 사장의 반가운 글을 신문에서 만났다. 4년 전부터 직원들에게 한 달에 한 번씩 독후감을 써내게 한다는 그 회사는 위기에 봉착했을 때《살아 있는 한 우리는 절망하지 않는다》라는 책을 찾아 읽혔고, 실제로 이 책은 실의에 빠져 있던 사원들에게 용기와 희망을 되찾게 해준 좋은 방도였다고 한다. 기업의 새로운 성장 동력을 창출하기 위해, 상상력을 위해 좋은 책을 읽혀야 한다는 것이 그의 취지였다.

상상력뿐만 아니라 세상을 바라보는 안목과 내적 충실을 다지는 데도 독서만한 것이 있겠는가. 나는 글자와 눈을 맞추고 요긴한 대목에 이르러서는 밑줄도 그으면서 소리 내어 가슴에 닿도록 읽는다. 인터넷에서 물결치듯 위로 흐르는 글자를 급하게 따라가다 보면 전체를 놓치고 대의를 지나치기 십상이다. 책은 책으로 읽어야 한다.

선인들의 독서를 살펴보니 김일손은 한유의 문장을 1천 번 읽었고, 노수신은 《논어》와 《두시》를 2천 번 읽었으며, 차운로는 《주역》을 5천 번 읽었고, 유몽인은 《장자》와 유종원의 문장을 1천 번 읽었다고 한다. 그들은 왜 이렇게 되풀이해서 읽었을까? 완전한 체화體化를 위해서였을 것이다. 나는 속俗된 내 기질을 변화시키는 교훈으로서의 독서를 그동안 고전古典 속에서 만날 수 있었다.

겨울밤이면 군불도 때지 못한 냉골에서 똑바로 앉아 눈썹을 내리깔고 손을 모은 채 《논어》를 읽었다는 이덕무(李德懋, 1741~1793)를 생각한다. 일기 끝에 그는 이렇게 쓰고 있다.

공자는 도대체 어떤 사람이기에 온화하고 화평한 말 기운으로 나로 하여금 거친 마음을 떨쳐내어 말끔히 사라지게 하고, 평정한 마음에 이르게 한단 말인가? 공자가 아니었더라면 나는 거의 발광하여 뛰쳐나갈 뻔하였다.

 마음을 다스리게 하는 이런 글은 책으로 천천히 읽어야 한다.

온고지신

'온고지신溫故知新'이란 옛것을 익히고 나서 새로운 것을 알면 남의 스승이 될 수 있다는 공자의 말씀《논어》에서 연유된다. 옛것을 알면 유익하다. 항용 옛것은 새로운 것의 모태가 되고, 새로운 것의 창조는 역사라는 기반 위에서 이루어지기 때문이다. 그러므로 역사는 우리에게 고마운 거울이며 고전古典은 또한 우리 곁에 늘 새롭게 다가온 지혜로운 벗과도 같다. 해서 '온고지신'이란 내게 '고전은 영원히 새롭다'라는 말과 동의어로 환치된다. 고전의 준엄한 정신과 만나 우리의 시행착오를 줄일 수만 있다면야 고전을 읽어야 하는 까닭도 여기에 있으리라.

근간의 일이다.

김대중 대통령의 3남인 홍걸 씨의 수감 기사가 신문에 떠들

썩했다. 그것을 보며 착잡한 심정이 되고 만 것은 왜 이런 불미스러운 일들이 자꾸만 되풀이되는가 하는 것이었다. 알선수뢰 죄로 그는 지금 서울 구치소 제13동 3층 10호실에 수감되어 있다. 공교롭게도 5년 전, 김영삼 전 대통령의 차남인 현철 씨가 수감되어 있던 제14호실에서 네 칸 떨어진 바로 그 옆방이라고 한다. 대통령 선거를 반년 남짓 앞둔 지금에서 용케 참았다가 때맞춰 터지는 봇물처럼 그러니까 5년 전, 그때도 5월 하순이었다. 현철 씨가 정치 자금 비리와 연루되어 이곳에 수감되었던 일이.

이 무렵, 지존한 대통령의 아들들은 구속되었고 그의 부친들은 대국민 사과의 말씀을 하기 위해 똑같이 TV 앞에 나와 국민들에게 머리를 조아려야 했다. '아들의 일로 무리를 일으켜 죄송하다'는 같은 말을 지켜보아야 하는 국민들의 심사는 참으로 착잡하기만 했다. 어째서 도덕심 부재의 이런 몰염치한 일들이 전철을 되풀이하고 있는 것일까? 가슴에 수인번호를 달고 영어의 몸이 된 그들은 과연 부모님에게만 죄송하단 말인가? 그곳에서 무슨 생각을 하고 있으며 진정한 참회의 눈물이라도 뿌리는 것일까?

세면대와 좌변기가 설치된 2평 남짓한 방에 혼자 앉아 있는 홍걸 씨는 성경책과 조정래 씨의 장편소설《한강》과 마침 다산 정약용 선생의《목민심서》를 곁에 두고 있다고 한다.《목민심서》를 누가 넣어 주었는지 또한 그 책을 다 읽기나 한 것인지의 여

부는 알 수 없으나 그가 진작 이 고전을 읽었더라면 하는 아쉬운 생각은 떨치기 어려웠다.

맑은 선비의 돌아가는 행장은 모든 것을 벗어 던진 듯 조촐하여 낡은 수레, 야윈 말인데도 그 산뜻한 바람이 사람들에게 스며든다.

이것은 다산 선생이 《목민심서》에서 임기를 마치고 돌아가는 지방 수령이거나 목민관들의 귀장歸裝을 표현한 글이다. 초라한 수레 한 채에 그나마 책이 반 넘어 차지했다는 그들의 고아한 모습을 보면 가슴이 절로 탁 트여 오는 청량한 바람과 만나게 되며 사람의 값어치란 어떤 것인가를 일깨워주고 사람됨의 자긍심을 느끼게도 해준다.

제주 목사로 있던 이약동(李約東, 태종 16~성종 24)은 다만 가죽 채찍 하나를 가졌을 뿐인데 떠나옴에 이르러 '이것 역시 제주도의 물건이다' 하고 관아의 문루에 걸어두었다. 제주도 사람들이 그것을 보물처럼 보관하여, 매양 목사가 새로 부임할 적에 내어 걸었다. 해가 오래되어 채찍이 헐어 버리게 되자 고을 사람들이 처음 채찍을 걸었던 곳에 그 사적을 그림으로 그려 사모하는 마음을 나타냈다고 다산은 기록하고 있다. 또 30년이라는 긴 세월을 정승의 자리에 있었던 황희는 벼슬하기 전, 포의布衣로 있을 때와 그 생활이 다르지 않았으며 그의 큰아들이 새 집을 짓고는 낙성의 잔치를 베풀었을 때(정부의 관리들이 모두 참석했다), 느지막이 당도한 그는 집을 한 바퀴 둘러보고는 한 마디 말도 없이 그대로 집을 떠났다. 신분에 어울리지 않게 지었음을 미워해서였다. 그런가 하면 청빈하게 일생을 살다간 율곡 선생은 시신을 쌀 수의마저 구하지 못해 빌려서 염을 했다는 기록이고 보면 후대의 이름 없는 이 사람도 마음이 숙연해져 옴을 어찌할 수 없었다.

'청렴이란 목민관의 본질적 임무이며 모든 선의 근원일 뿐 아니라 모든 덕의 근원이나.'

이는 모두 《목민심서》의 말씀이다. 이제 우리는 돌아서 떠나는 이의 아름다운 모습을 정말이지 보고 싶다.

수구초심首邱初心

 바람이 분다. 손바닥만한 플라타너스 잎새 한 장이 발 밑에 와 떨어진다. 가슴이 철렁 내려앉는다. 이제 곧 추위가 오리라. 솜옷을 짓고 연탄을 들이고 김장을 걱정하는 시대는 아니지만, 가슴에 신호를 긋고 지나가는 한파는 미리부터 우리의 마음을 얼어붙게 만든다. 부엌에 어머니가 서 계신, 따뜻한 불빛이 새어나오는 집을 나 또한 얼마나 그리워했던가. 그리하여 서둘러 집으로 돌아간다. 가족들보다 먼저 도착하여 거실에 불을 밝혀 놓기 위해서다.
 아파트 문을 열고 전기 스위치를 켜면 '반짝' 하고 들어오는 불빛이 삽시간에 어둠을 몰아내듯이 식구들 마음속의 한파도 그렇게 물러나게 할 수 있었으면 하고 바래 본다. 그러나 내 손이 미치지 못하는 영역 밖의 추위인들 어찌하겠는가. 제몫의 본원적인 풍우와 한파임을.

어느 시인의 말대로 가을은 외로운 나그네가 앞서 듣는다. 나그네의 계절, 가을이 되면 해마다 만리 밖 나그네 되어 떠돌던 방랑 시인 김삿갓이 먼저 떠오른다. 그는 만년에 이르러 자신의 한평생을 돌아보며 '난고蘭皐 평생시'를 썼다. '수구초심'이란 말을 나는 거기에서 아프게 만났다.

새도 둥지가 있고, 짐승도 굴이 있건만 내 평생은 집도 없이 외로운 나그네로 슬퍼했도다. … '심유이역수구호心猶異域首丘狐' 마음은 오로지 타향에서 고향 쪽으로 머리를 둔 여우요.

삿갓을 한 번 깊게 눌러 쓰고 떠나온 집을 그냥 스쳐 지날 뿐, 들르지 않았다. 무엇 때문일까? 자신에게 부과한 형벌 때문이었다. 산문山門 밖에 서 보아야 산의 전체가 바라보이듯 고향도 그러한 것이 아닐까?

고향, 그것은 떠난 자의 가슴에 남아 있는 이름이며 실패한 사람에겐 돌아가 눕고 싶은 땅이리라. 그러나 끝내 고향 땅에 묻히지 못하고 망부석처럼 고향 바래기를 하며 오늘도 모리오카[盛岡], 망향의 언덕에 홀로 서 있는 사람이 있다. 일본인이 가장 사랑하는 시인, 이시카와 다쿠보쿠[石川啄木]. 자신의 말대로 '돌팔매에 쫓겨나다시피' 떠나온 고향이건만 그는 시부타미를 못 잊어 했다. 보덕사의 주지였던 아버지의 가출과 교장

배척 스트라이크에 관련된 자신의 면직 등으로 다쿠보쿠는 돌팔매에 쫓기듯 고향 시부타미를 떠나오게 되었던 것이다. 직장을 찾아 하코다테의 여러 곳을 전전하다가 동경에 와서 지병이던 폐병이 악화되어 26세의 나이로 요절하고 말았지만 그는 고향 사투리라도 듣고 싶은 마음에 우에노역을 떠돌았다고 한다.

"정들은 고향 사투리 그리워, 정차장으로 붐비는 사람 속에 고향 말 찾아가네."

라고 노래했다. 그가 세상을 떠나기 한 달 전, 그의 어머니도 폐병으로 세상을 떠났고, 일 년 뒤 아내마저 폐병으로 그의 뒤를 따랐다. 나는 몇 해 전, 모리오카에서 그의 동상과 만났다. 전통 일본 복장을 갖춰 입고 소매 속에 양손을 포개넣은 채, 이와테산이 바라보이는 쪽을 향해 우두커니 서 있었다. 이와테 산정에는 하얗게 눈이 쌓여 있었다. 그는 만성복막염 수술 후,

"오늘도 다시 가슴에 통증을 느끼네. 죽을 거라면 고향에 돌아가서 죽고 싶다 생각하네."

그러나 그의 바람은 이뤄지지 않았다. 동경에 있던 그의 유해는 하코다테의 아내 곁으로 옮겨졌다. 고향은 고향을 떠난 자의 몫이다. 떠나 보지 않은 사람은 고향을 알 수 없다.

'수구초심.' 옛 사람의 말에도 여우가 죽을 때는 머리를 제 살던 쪽으로 둔다고 한다. 그것은 인仁을 행하는 마음이다. '수구초심'이 어찌 인과 다르겠는가.

문인들의 옛집

 여행길에 나서면 늘상 부러운 것은 예술가들에 대한 그 나라 사람들의 애정과 관심이다. 며칠 전 일본 큐슈에 들렀다가 구마모토 성城을 찾았다. 애초부터 나의 관심은 그 근처에 있다는 나쓰메 소세키의 문학관에 있었다. 구마모토 성을 끼고 왼쪽으로 흐르는 실개천을 따라 내려가다가 돌다리를 건너 우측으로 돌아드니 바로 그의 집이 있었다. 문패는 긴노스케[金之助].

 관비 유학생으로 영국 유학을 떠날 때까지 그는 구마모토 제5고등학교의 영어 교사로 재직하고 있었다. 그의 아내가 "구마모토에 거주하는 동안 가장 괜찮은 집으로서 지금 생각해 보아도 훌륭한 곳이었다"고 회상할 정도로 일본 전통식 목조 건물의 단아한 집이었다.

다다미방인 그의 서재에 들어서니 나쓰메 소세키의 인물 모형이 탁자 앞에서 원고를 쓰고 있다. 고양이 한 마리가 탁자 위에 앉아 있고 써내려간 원고의 제목은 〈구사마쿠라[草枕]〉다. 수필가 데라다 도라히코가 찾아와 머물고 큰딸이 태어난 곳. 434평 대지에 잘 다듬어진 정원수와 큰딸 후데코가 태어날 때 썼다는 우물 옆에는 표지판이 붙어 있다. 또 그가 잠시 머물렀던 마쓰야마에서는 작품 《봇짱(도련님)》을 기려 '봇짱시계탑'을 세우고 도고온천 3층에 '봇짱방'을 만들어 놓고 있다. 상점에서는 '봇짱경단' '소세키맥주' '봇짱맥주'를 메뉴로 내놓는다고 한다. 국민작가로 대접받고 있는 그의 문학관과 구마모토 성에서 가토 기요마사의 동상을 돌아보면서 나는 내내 심사가 편치 못했다. 얼마 전 신문에서 본 대책 없이 철거되었다는 현진건 선생의 옛집 일이 떠올라서였다.

빙허憑虛 그는 누구인가. 일본과 중국 유학의 대단한 학벌 때문만이 아니고 일제 치하 우리 민족의 암담한 현실을 고발한 사실주의 작가로서 저 중국에 노신이 있다면 우리나라에는 빙허가 있다고 자랑할 만한 작가가 아니던가.

〈빈처〉 〈운수 좋은 날〉 〈B사감과 러브레터〉 등을 쓰고 동아일보 재직시 손기정 선수와 관련한 일장기 말살 사건으로 옥고를 치른 뒤 43세의 나이로 병사한 불우한 문인이다.

나는 아직도 인력거꾼 김첨지가 그날 운수가 좋았던지 오랜

만에 돈 몇 푼을 받아 쥐고 설렁탕 한 그릇을 사가지고 집에 돌아갔는데 아내가 이미 죽었더라는 그의 〈운수 좋은 날〉을 가슴 아프게 기억한다. 한쪽 옆구리를 시리게 하면서 인생이라는 것을 곱씹어 보게 하던 작품이었다. 더구나 독립운동 중 옥사한 그의 중형, 그 때문에 자살한 형수, 민족의 고난과 역사를 증언하려고 애쓴 이 작가를 우리는 이제 어떻게 그를 기려야 할지 더 이상 알지 못하겠다.

한래서왕 寒來暑往

바람도 엎드리고, 잎새마다 숨죽인 고요.

한낮의 거리는 백색白色으로 텅 비어 있다. 숨막히는 불볕더위가 사방을 가르자 대지는 몸살처럼 지열地熱로 끓고 있다.

이때 어느 선객禪客이 동산洞山스님께 여쭈었다.

"스님! 한서寒暑 도래에 여하회피닛고?"

즉 추위나 더위가 오면 어떻게 피해야 합니까?

"그 무한서처無寒暑處로 가지 그래."

"무한서처라니요? 대체 추위와 더위가 없는 그곳이 어디란 말씀입니까?"

"추울 때는 추위가 너를 얼려 죽이는 곳. 더울 때는 더위가 너를 쪄 죽이는 곳이지!"

다스리기 어려운 생의 어떤 문제에 직면하게 되었을 때, 나는 곧잘 이《벽암록》의 문답을 내 자신에게 적용시키곤 한다. 어떻게 하면 더위를 피할 수 있을까 하는 물음에 내 스스로 더위가 너를 쪄 죽이는 곳으로 가라고 답한다. 그리하여 병상에 들어 있을 때에도 통증의 고통 속으로 성큼 들어선다. 아픔의 극점을 향해 마다 않고 들어선다. 얼마쯤이나 지났을까? 열에 떠 있는 상태는 지나가고 고통의 포물선은 완만하게 경사져 내린다.

'고통의 무고통화無苦痛化.'

고통을 떼어 내고는 '고통의 무고통화'는 성립되지 않는다. 이것은 선사들의 문답인 만큼 생존의 본질과 깊이 관련된 문제인 것이다.

'무한서처'란 어디에 있겠는가? 환언하자면 고통 없는 인생, 생사生死 없는 인생이 과연 있을 수 있겠는가? 그러니 연약한 육신을 가지고 생사生死라는 곡예줄 위에서 생사를 초극하고, 한서寒暑 위에서 한서를 극복해야 하는 것이리라.

그러므로 달리 나는 피하려 하지 않는다. 기꺼이 나를 얼려 죽이는 곳, 그리고 쪄 죽이는 곳, 생의 그 가운데로 나아가고자 한다.

'찰 한寒 올 래來' 찬 것이 오면, '더울 서暑 갈 왕往' 더운 것이 가고, 더운 것이 가면 찬 것이 오나니. 이미 더운 것이 왔음에 또한 겨울은 어이 멀랴.

사자신중지충

사자신중지충獅子身中之蟲은 '사자 몸 속에 있는 벌레'라는 뜻이다. 이것은 불서《범망경梵網經》에 나오는 이야기다. 동물의 왕인 사자를 감히 어느 짐승 따위가 해하려 들며, 감히 먹어 치울 수 있겠는가? 그러나 사자가 죽어 시체가 되면 그 시체를 말끔히 먹어 치우는 것은 외부에서 온 짐승이 아니라 사자, 제 몸 안에서 생긴 벌레라는 것이다.

부처님은 불교의 교단도 이와 마찬가지로 불법이 파괴되는 것은 어떤 외도나 천마天魔에 의한 것이 아니라 자체 내부의 소행, 즉 불교를 믿는 신자 스스로가 교단을 파괴한다는 비유를 들어 이를 경계한 말씀이었다. 어떤 조직이나 단체에 해를 끼쳐 내부의 붕괴를 가져오는 사람은 '사자 몸 속의 벌레'처럼 자체 내부의 구성원이라는 뜻이다. 어찌 교단에만 적용되겠는가? 하나의 작은 단체, 또는 한 기관, 나아가서 국가라는 조직체도 여기에서 예외일 수 없다. 거대한 사자를 누가 감히 해하려 들겠는가? 천여 년 동안 번영을 누려 왔던 대로마제국, 한 작은 농경 공동체에 불과했던 로마가 이탈리아의 주인으로서, 다음은 서방 세계의 지배자로서 역사의 무대에 등장하여 번영을 누려 왔던 로마야말로 인류는 영원할 것이라고 믿었다. 그러나 '영원한 로마' 거대한 위용을 자랑하던 대로마제국도 어느 날 서서히 붕괴되고 말았다. '로마제국은 왜 멸망했는가?'를 두고 세계 석학들의 의견은 엇갈렸다. 슈펭글러는 모든 문화는 일종의 생명 주기를 거치지 않으면 안 되고 또한 궁극적으로 사멸하지 않으면 안 된다고 규정지어 말했다. 그런가 하면 토인비는 "로마제국은 창건되기 이전에 이미 몰락하게 되도록 운명지어져 있었기 때문이다. 로마의 창건은 지연시킬 수는 있어도 영원히 가로막을 수 없는 일종의 복원, 즉 로마제국이 잠시 구현시킨 것, 그리고 다시는 돌이킬 수 없는 희랍 사회의 몰락을 의미하는 것 이외에는 아무것도 아니라는 이유에서 그러한 문명이 미리 마련되어 있었던 것"이라고 언급했다. 무서운 필연성이다. 이탈리아의 고전학자인 풋조는 로마의 폐허를 이렇게 읊었다.

…이 카피톨리노 언덕은 그 옛날 로마제국의 수도이며 지구의 성채이고, 모든 나라 제왕들의 외포畏怖의 대상이었으며 수

없이 반복된 개선식 참가 병사들의 발자국이 새겨지면서, 무수한 국민들로부터 획득한 전리품과 공납품으로 장식되어 있었다. 이 세계적인 위관(偉觀) 그런 곳이 이 얼마나 쇠미하고 변모한 모습인고! 이 무슨 파괴란 말인가. 일찍이 전승자(戰勝者)의 행렬이 지나가던 가도는 이제 포도 넝쿨로 뒤덮이고 원로원 의원들이 앉았던 벤치에는 오물이 끼얹어져 있다.

그야말로 역사 무상(無常)이다.
《로마제국의 쇠망사》를 쓴 영국의 기번은 로마제국의 몰락을 이렇게 설명했다. 로마 몰락의 역사는 단순하고도 명백한 것이다. 우리들은 로마제국이 왜 몰락하였는가를 질문하기보다는 오히려 그렇게 오래도록까지 존속하였는가에 더욱 놀라지 않을 수 없다. …그 거대한 구조물로서의 제국은 그 자체 무게의 압력에 눌러서 우그러졌다.

그에 의하면 로마제국 몰락의 원인은 제국(帝國) 제도 그 자체의 어떤 내재적인 것과 연관되어진다는 것이다. 그러니까 외부의 침략에 의한 게 아니라 로마가 쓰러진 것은 내부의 균열에 의한 자체 붕괴라는 지적이었다. 어느 날 나는 《로마제국의 쇠망사》를 뒤적이다가 이 '자체 내부의 붕괴'라는 대목에서 눈을 뗄 수가 없었다. 한 가정은 물론 작게는 한 개인의 운명까지도 그렇지 않을까라는 생각이 들어서였다.

제 몸에서 피어난 녹이 마침내 제 몸을 깎아먹듯, 내 마음 안에서 일어난 녹이 어느 날 내 마음을 병들이고, 내 눈동자를 흐릿하게 하고, 사지의 기운을 소모시킨 다음 영혼을 시들리어 서서히 스러지게 하고 마는 것은 아닐까? 퍼뜩 정신이 들었다. 그리고 나는 마음의 안뜰을 검속할 필요를 그때 크게 느꼈다.

작은 방

'슬픔 속에 성지聖地가 있다'는 이 감명 깊은 글을 쓴 것은 오스카 와일드가 감옥에 있을 때였다. 그가 감옥에서 쓴《옥중기獄中記》의 일절로, 체험에 의한 심장한 구절이라고 하겠다. 사람이 성聖스러워지는 것은 분명 고통 속에 있을 때이다. 그리고 우리의 영혼이 얼마나 승화되는가 하는 것도 그 고통과 시련에 비례하는 걸 알게 된다.

얼마 전 '전통민속고을 여행단' 어린이들을 데리고 안동 하회마을과 도산서원을 다녀왔다. 겨울비가 지적지적 내리는 가운데 감행된 업무의 일환이었지만 운 좋게도 거기서 퇴계 선생의 진면목眞面目을 만나는 듯한 감명을 받게 되었다.

"고인古人도 날 못 보고
나도 고인古人 못 뵈

고인(古人)을 못 뵈도
녀던 길 앞에 있네."

그 녀던 길을 따라서 해질녘 우리는 도산서원에 닿았다. 고인(古人)이 강론講論하시던 농운정사와 생전에 기거하시던 도산서당을 둘러보았다. 암서헌巖棲軒―그 작은 방房 앞에 서서 나는 발이 떨어지질 않았다.

6년쯤 되었던가, 제주도의 추사秋史 선생의 석거지謫居地를 찾았던 때가. 그때도 부실부실 3월 봄비가 내려서 으스스한 감기 기운으로 물어 물어 찾아갔었는데 선생이 거처하시던 방이 손바닥만하였다. 그 답답 울울한 심정을 어찌하셨을거나 하고 생각하니 가슴이 메어왔었다. 산은 연이어 멀리 비껴나 앉고 묵묵한 하늘은 정적靜寂 그대로였다. 55세의 나이로 유배流配되어 9년 동안을 그 작은 방에 갇혀서 사셨다.

여기서 추사선생은 부인 이씨李氏의 부음을 듣고 애서문哀逝文을 썼다.

…대체로 사람마다 죽음이 있거늘 홀로 부인만 죽음이 있지 않을 수 있으리요만, 죽을 수 없는데 죽은 까닭으로 죽어서 지극한 슬픔을 품게 되었고, 기막힌 원한을 품게 되었을 것이오. 그래서 장차 뿜어내면 무지개가 되고, 맺히면 우박이 되어 푸른 바다 넓은 하늘에 한恨스러움만 끝없이 사무친다오.

선생의 절규가 들리는 듯하였다. 유배의 절망감, 상처喪妻의 비통함, 고해절도孤海絶島의 고독 속에서 〈세한도歲寒圖〉는 그렇게 피어났다. 마치 선생의 가슴에서 뿜어낸 무지개처럼 그 작은 방에서 탄생되었던 것이다.

나는 묵념하듯이 오랫동안 그 방 앞에 서 있었는데 이번 도산에 와서도 그랬다. 남달리 명조命造가 불우했던 퇴계 선생.

태어난 이듬해에 아버지를 잃고 스물일곱 젊은 나이에 상처를 하며, 46세에 두번째 부인과도 사별死別하게 된다. 37세에 모친상母親喪을 당하고 48세에는 아들의 참상慘喪까지 겪는다. 칠십 나이로 생을 마칠 때까지 24년 동안을 이 작은 방에서 무슨 생각을 하며 비통한 심정을 어루어 나가셨을까. 잠시 그분의 심중을 헤아리며 정황을 유추해 본다.

생활은 검소한 것을 기본으로 하여 세숫대야는 질그릇을 썼고, 앉는 데는 부들자리를 깔았다고 한다. 영천군수 허시許時가 "이렇게 비좁고 누추한 곳에서 어떻게 견디십니까?" 하고 물으니 "오랫동안 습관이 되어 어려운 것을 모릅니다"라고 대답했다 한다.

참으로 그동안 내가 투정해 오던 불편은 가난이 아니었다. 못난 사람의 주제넘은 푸념인 것으로 크게 부끄러웠다. 선생은 어묵동정語默動靜이 매우 쉽고 분명했으며 겸허한 것으로 덕德을 삼아서 털끝만큼도 거만함이 없었다고 전한다. 오로지 학문 연구와 제자 가르치기에 전념하였으니 문하門下의 제자가 368

명, 김성일, 이산해, 정구, 허엽 등이 배출되었으며, 유성룡 형제가 이곳에 와서 《근사록近思錄》을 읽었고, 율곡이 찾아와서 사흘 동안 묵고 갔다.

한석봉이 썼다는 도산서당의 편액을 보면서 암서헌의 빈 방을 카메라로 훑듯이 눈으로 좇아가 보았다.

방 가운데 서북쪽 벽에 서가를 만들고 서면은 격장을 두어서 반은 침실로 하였으며, 고서古書 천여 권을 좌우로 서가에 나누어 꽂았다. 매화분 한 개, 책상 한 개, 연갑 하나, 지팡이 한 개, 침구·돗자리, 향로, 혼천의를 두었다. 남벽 상면에는 가로로 시렁을 걸어 옷상자와 서류 넣는 부담상자를 두고 이밖에 다른 물건은 없었다고 전한다.

선생이 혹 참고할 것이 있을 때는 몇째 시렁, 몇째 줄, 몇째 권을 빼내 오라고 명하여 빼놓고 보면 한 치의 착오도 없었다고 제자들은 말한다. 선생의 인품과 체취가 남겨져 있는 듯한 이 암서헌은 겨우 삼간三間이었다.

초가삼간의 얘기를 하자면 세종대왕을 또 빼놓을 수 없다. 세종은 경회루 동편에 쓰다 남은 재목을 이용하여 별채를 지었다. 돌주추도 쓰지 않고 지붕도 초가지붕으로 간소하기가 이를 데 없었으며, 늘 그 집에서 검소하게 지냈다고 《국조보감國朝寶鑑》은 기록하고 있다. 세종께서 이곳 삼간三間 초가草家 별채에서 훈민정음 창제에 골몰하셨으니 여기가 바로 한글의 산실이요, 역사의 현장이다. 이렇듯 작은 방에서 그들은 훌륭히 존재하고 있었다. 〈세한도〉가 피어나고 〈도산陶山 12곡〉이 음영되었으며, '한글'이 태어난 이 작은 방.

그런데 우리는 어떠한가?

본질은 제쳐두고 소유만을 지향하는 덩치 큰 어린애는 아닌지, 숫자놀음에 빠진 우리 자신을 돌아보게 된다.

슬픈 생애 속에서 자신의 성역聖域을 스스로 구축해 나아간 그분들을 추모하면서 문득 매운바람을 온몸 가득히 맞고 싶었다. 존재의 순간이란 아마 이런 한기寒氣가 아닐까 하는 생각을 하면서.

3부

산책
추석 무렵
빈 배에 가득한 달빛
시간의 단면
뒤늦게 찾아온 이 빛깔은
흰 구름이 흐르던 언덕
늙은 아내는 종이에 바둑판을 그리고
라데팡스의 불빛

산 책

눈이 보는 대로 귀가 듣는 대로 마음에 물결이 일 때가 있다.

그런 날은 몸이 벌떡 일어나 마음더러 산책을 나가자고 한다. 동생이 형의 손목을 잡아 이끌 듯이 몸이 마음을 데리고 집을 나서는 것이다.

중국의 육상산陸象山이나 왕양명王陽明 같은 심학心學의 철학가들은 마음이 몸을 주재한다고 하지만 경우에 따라서는 몸도 마음을 선도先導할 수 있는 것 같다.

공연히 울적하여 일이 손에 잡히지 않을 때, 동네의 목욕탕에라도 들어가 보라. 뜨거운 물에 몸을 한참 담구었다 나오면 마음이 한결 상쾌해지는 것이다. 날씨마저 울 듯이 꾸물한 날에는 더운 구들목을 지고 한나절 뒹굴다 보면 마음의 울결도 어느새 풀어지고 만다. 마음이 앓아 눕고 싶은 날은 그래서 몸이 먼저 쉰다. 몸이 가벼워지면 마음도 따라서 가벼워지는 것이다.

아파트 후문을 빠져 나와 횡단보도를 두 번만 건너면 바로 개농開籠공원 앞에 닿게 된다. 옛날 임경업 장군이 우연히 한 궤짝을 얻어 열었더니 그 속에서 갑옷과 투구가 나왔다고 전한다. 개농이란 여기서 붙여진 이름이다. 입구의 표지판을 뒤로 하고 완만한 경사를 따라 공원 안으로 들어선다. 적요寂寥와 청결감, 왠지 단정한 마음이 된다.

양쪽으로 도열한 벚나무며 느티나무·상수리나무들은 나목으로 늠름하게 서 있다. 찬바람이 얼굴을 때린다. 억울하게 죽은 임경업 장군의 심정이 되짚어진다. 남편 대신 청나라로 끌려간 그의 부인조차도 제 명을 살지 못하고 심양의 감옥에서 자결로 생을 마쳤으니 그들의 한이 어떻다 하랴.

어긋나는 인생이 어디 그들뿐이겠는가?

우리의 삶이 뜻대로 되지 않는다는 것을 아는 데에, 그리고 그것을 받아들이는 데에 전 생애가 다 걸리는 것도 같다.

볼이 얼얼하도록 나는 찬바람을 맞으며 외곽으로 난 작은 길을 따라 다섯 바퀴나 돌았다. 걷는 동안 마음이 점차 편안해졌다. 앞만 보고 부지런히 걷다 보니 자잘한 생각들이 없어지고 만다. 땅이 흡수해 들이는 것일까?

가던 걸음을 멈추고 잠시 하늘을 올려다본다. 얼음조각처럼 투명하다.

햇살이 퍼지는 이 시간대면 운동장에 나와 게이트볼을 치곤 하던 노인들의 모습도 오늘은 보이지 않는다. 발이 시린 듯 비둘기 떼만 마당에서 종종거린다.

나는 언제나 그랬던 것처럼 정자의 육각형 지붕이 잘 바라보이는, 내 지정석으로 가서 앉는다. 의자의 차디찬 감촉. 이럴 때, 담배를 피울 줄 안다면 한 개피쯤 뽑아 물어도 좋으리라.

여름내 푸르던 나무숲이 휑하다. 마치 머리 밑이 드러나 보이는 것처럼 춥다. 눈이 가 닿는 풍경의 표면에 따라 마음은 겨울나무 숲처럼 이내 적막해지고 만다. 찬 하늘을 머리에 인 빈 나뭇가지며 텅 빈 공원. 마음도 따라서 텅 비어져 버린다. 내 자신이 생명의 잔고 없는 통장처럼 느껴지기도 한다.

인생의 여름과도 같은 바쁜 시기를 나는 강남구에서 보냈다. 20년 가까운 세월이었다. 문정동으로 옮겨 앉은 것은 재작년 초겨울께, 이제 두 번째의 겨울을 맞는 심정은 제 몸의 잎을 다 털어 낸 겨울나무처럼 홀가분하면서도 조금은 쓸쓸하다. 소나무 언덕[松坡] 아래로 물러나 조용한 노년을 시작하자고 자신에게 타이르던 기억이 되살아난다. 물러나 앉는다는 말에는 그것이 비록 자의라 할지라도 묘한 뉘앙스가 붙는다. 때로는 패자 같은, 때로는 현자의 은둔거사居士적 이미지를 떠올려 주기도 한다. 어느 쪽이라도 상관없다. 하지만 정년을 맞은 남편과 함께 선뜻 여기로 물러나 앉은 데는 마음을 좀더 외진 곳에 두고자 한 뜻도 포함되어 있었다. 마음이 속세에서 멀어지면 사는 거기가 곧 외진 곳이라고 하지만, 도연명陶淵明의 그러한 경지에 이르지 못하고 보니 자연히 환경을 탓하게 되고 마는 것이다. 다행히 이 부근에는 공원이 많다. 공기가 맑고 조용하다. 그 한적함이 외진 마음을 더욱 외지도록 만든다. 그리하여 철저하게 단절되어 보는 것도 좋은 일일 듯싶었다.

마음을 스스로 제어하지 못하는 나 같은 사람에게는 이런 타율적인 방법도 좋으리라는 생각이 들었다. 바깥 경계境界에 따라 움직이는 마음의 물결을 잠재우자면 모든 감각 작용을 차단하는 것도 한 방법이기 때문이다.

사실 벌써부터 물러나 쉴 나이가 되지 않았던가. 예순 살을 인도에서는 '산으로 가는 나이'라고 말한다. 자연으로 돌아가는 나이가 된 것이다. 스스로 하나의 자연이 되어야 하는 나이이기도 하다. 하므로 이제 휴지기休止期를 맞아 온 산의 물을 퍼내고 숨을 고르는 저 겨울산처럼 가쁘지 않은 호흡으로, 조용히 숨결부터 다스리는 법을 배워야 하리라.

급한 물살에 격랑이 일 듯 때로는 턱없이 뛰는 가슴, 그런 가쁜 숨결부터 다스려야 하리라.

바로 며칠 전의 일이다. 뜻하지 않은 일이 생겨, 바빠진 마음으로 속을 좀 끓였더니 위가 탈이 나고 말았다. 억지로 마음을 느긋하게 하여 그 위염胃炎의 불꽃을 달래야 했다. 마음에 바쁜 일이 들어와 걸리면 이렇게 위가 탈이 나고, 신경에 한 번 켜진 불이 꺼지지 않을 때는 눈에 실핏줄이 터지고 마는 경우도 있다.

몸이 마음의 무게를 감당하지 못하기 때문일까?

마음처럼 몸이 되질 않는다. 오래된 양복의 안감과 겉감처럼 안과 겉이 따로 논다. 양복 밑단으로 슬며시 삐져 나온 안감처럼 궤도에서 이탈 할 때도 있다. 이래시 둘 사이의 관계는 협응이 원만하지 못하다. 몸과 마음이 하나 되는 일은 이리도 어렵다. 몸과 마음이 순일純一하게 하나가 되기 위해 나는 오늘도 이 언덕을 오르는 것인지 모른다.

낡은 수레는 먼저 짐이 가벼워야 하리라.

몸이 늙으면 마음도 몸의 속도를 따라야 한다. 가볍지 않은 발걸음을 천천히 옮겨 놓는다. 쩌르르 이따금씩 무릎에 와 닿는 통증. 마음이 앞서는 날은 이래서 몸이 따라 주지 못하고 마음이 미처 몸을 따라 오지 못할 때에는 저만치 앞서 가던 몸이, 걸음을 멈추고 마음을 기다리는 것이다.

육신의 무게만 둔중하게 느껴지는 날은 정신이 몸을 이끌고, 그리고 이렇게 마음이 꾸물거리는 날에는 몸이 마음을 데리고 나와 이 자리에 앉는다.

누가 비키라고 하지 않는 마지막 장소. 내가 나에게로 돌아가 눕는 자리다. 몸도 마음에게로 돌아가 눕는다.

귀일歸一을 위해 바쳐지는 시간이다.

나비의 두 날개가 한 장으로 접어지듯, 몸과 마음을 포개어 마침내 아무것도 아닌 것으로 조용히 풍화風化되고 싶다. 텅 빈 숲 둘레에 어둠이 가만가만 내려앉는다. 나는 적요 속에 한 점의 정물靜物이 되어 그냥 앉아 있다. 이윽고 편안한 어둠이 몸을 감싼다. 푸른 어둠의 바다 밑으로 잠기고 있다. 이제 나는 아무것도 아니다.

추석 무렵

삽상한 기류가 서西쪽으로 흐르고 있다.

사람을 더욱 홀로이게 하던 계절. 울타리 밑에서 피어 올라오고 있는 작은 망울들의 소국小菊을 보노라면 포병객抱病客이 지병持病을 아끼듯, 생의 언저리를 쓰다듬고 싶어지는 건 나만의 버릇일까?

언제나 추석 무렵이 되면, 가을의 문을 여는 주문이라도 되는 것처럼 '추석 무렵이다'를 불러 본다.

그것은 알 수 없는 무엇에 대한 그리움이자 내게는 말로는 다 풀어낼 수 없는 실꾸리에 서린 아픈 응집과도 같은 것이다. 삼십여 년도 더 지난 일이다. 아버지의 좌절과 돌연한 어머니의 별세로 마치 문짝이 달아난 것 같은 집 안에서 동생들만 데리고 맞이하게 된 명절날 아침.

하늘은 저쪽으로 멀리도 달아나 있고, 소슬함마저도 한기나 보탤 뿐, 올망졸망한 동생들의 모습을 투명한 햇살은 더욱 극명하게 드러내 주었다.

처연凄然하던 가을날 아침. 상제喪制인 우리들에겐 마침 어머니의 사십구재가 되는 무렵이기도 했다. 열다섯 살도 채 못 되는 어린 세 동생들 앞에서 마음 놓고 울 수도 없었던 그 무렵, 둥지에 제비처럼 날아든 한 통의 편지. 그건 멀리 제주도에서 보내온 K 시인의 긴 편지였다.

"추석 무렵이다. 손을 씻고 돌아와 향을 하나 사르고 이 글을 쓴다"로 시작된 조문弔問의 글. 슬픔밖에는 아무것도 없던 그 순백의 일상을 헤집고 '추석 무렵이다'라는 말이 그때 너무 깊게 들어와 박힌 탓일까. 그 후부터 그건 진공의 울림처럼 내게 하나의 의미 있는 부호가 되어 버렸다. 이따금씩 바람 같은 엽서는 계속되었다.

"관棺 같은 일실一室에서 나는 지금, 썩고 있다"라는 글귀와 함께.

이 시구를 지금도 기억하는 건, 머지않아 나 역시 이 글귀의 심정으로 살게 되었기 때문이다.

결국은 서모집에 가 계신 아버지한테 동생들 셋은 들어갔고, 내 가슴의 절반쯤은 산사태가 되어 내렸으며, 알 수 없는 외톨이로서의 고단한 생활이 시작되었던 것이다.

텅 비어 있음밖에는 생각나지 않는다. 상당한 이유로 집을 떠나야 했던 아버지는 서모네 집으로 안주하시고 주변이 없으신 어머니와 동생들을 위해 나는 가장이 되느라고 어머니 몰래 1년을 앞둔 학교에 휴학계를 내고 돌아왔다. 그후 복학을 권유하는 김옥길 총장의 편지가 두어 번 더 우송이 되었지만 그러나 겨우 자리잡은 직장을 그만둘 수는 없었다. 스물한 살의 그 소슬하던 가을 하늘을 어찌 잊을 수 있을까.

그간 가족들을 충실히 부양해 왔음에도 어느 날 그 가족들에게 버림받아 구석방에 갇혀 버리고 마는 '그레고리삼사(카프카의《변신》)'가 된 기분이 들기도 하였다.

아버지와 서모는 그때 철저히 나를 고립시켰다. 갑자기 가족을 잃고 멍하니 '상심벽傷心碧'의 그 푸르디 푸른 하늘을 올려다볼 뿐이었다. 그후로 나는 하늘을 자주 올려다보는 버릇을 갖게 되었다.

운수지심雲水之心으로 극락암의 경봉선사를 찾아뵙기도 하고 하야시 후미코林芙美子의《방랑기放浪記》를 읽으며, 해질녘 일본 전후戰後 세대의 고아가 부모를 그리며 불렀다는 노래 '오가아母상 고이戀시이'를 자주 웅얼거리기도 했다.

동대 불교철학과에 적을 둔 것도 그 무렵이었다. 그때 자취를 하던 방에도 만월滿月은 쏟아져 들어왔고, 빈 방에 냉수 한 사발처럼 앉았던 그때도 추석 무렵이었다. 남의 눈에 뜨일까 불도 켜지 않은 채, 촛불 아래에서 밤새워 책을 읽었던 기억이 새롭다.

그것밖에는 달리 할 것도 없었지만 왠지 허기와 함께 잠에 들질 못했기 때문이다. 그러면 그럴수록 더없이 맑게 깨어나는 정신. 그때 중국 당나라의 승려 시인 한산寒山과 습득拾得의 시를 읽으며 노트에 뽑아 두었는데 찾아보니 '1966년 9월 29일'이라고 적혀 있다.

뱁새도 제 한 몸 편히 쉬기엔 나무 한 가지一枝면 족하거늘, 그 나무 한 가지를 아쉬워했던 때였다.

풀잎 잎마다 이슬에 눈물짓고
소나무 가지마다 바람에 읊조린다
내 여기 이르러 길 잃고 헤매나니
그림자 돌아보며 '어디로?' 물어 보네

泣露千磐草
　風一樣松
此時迷徑處
形問影何從

이것은 한산자寒山子가 나를 두고 쓴 것이 아닐까 하는 생각이 들 정도로 내 심경을 잘 대변해 주었다.

풀잎은 잎마다 눈물 짓고, 소나무는 가지마다 바람에 한숨이었다. 어둠에 묻히는 신호등 앞에서 "어디로?" 되묻기를 문득 문득.

"체머리를 흔드는 것이 어찌타 버릇이랴"던 김삿갓도 그때 온전히 이해되었다.

지금도 길을 걷다가 "어디로!" 하며 자주 걸음을 멈추게 되는 건, 아마 그때의 버릇인지도 모르겠다.

그림자 하나 이끌고, 그저 망연茫然할 수밖에 없었던 텅 빈 공간에 그때 달빛만 가득 들어차서 나와 맞닥뜨린 건 서슬 푸르던 밤의 하나의 차가운 실체, 그것과의 만남이었다.

빈 방, 그리고 달빛. 그래서 이후부터 '추석 무렵이다'라는 말은 하나의 '실존'을 뜻하는 부호로 남게 되었는지도 모른다.

밤이 환한 지금도 삽상한 추석 무렵이다. 말할 수 없이 그때가 그리워진다.

빈 배에 가득한 달빛

　우리집 작은 방 벽면에 수묵화 한 점이 걸려 있다. 사방이 겨우 한 뼘 남짓한 소품인데 제목은 〈귀우도歸雨圖〉이다. 조선조 중기 이정李楨이란 사람이 그린 그림의 영인본이다.

　오른쪽 앞면에는 수초水草가 물살 위에 떠 있고 어깨에 도롱이를 두른 노인이 노를 비스듬하게 쥐고 있다. 간단하면서도 격조 있는 그림이다. 그런데 언제부턴가 나는 흐르는 강물과 그 위의 배 한 척이면 그것이 실경實景이 되었건 그림이 되었건 간에 무조건 좋아하는 버릇이 생겼다.

　잔잔히 흐르는 물살. 그 위로 떠가는 시간.

　그러한 강물과 마주하게 되면 이내 '서사정逝斯亭'이 떠오르고 '가는 자 이와 같은가' 했다는 공자의 그 말이 생각나곤 했다. 나 또한 발길이 막히면 강가에 나가 '가는 자 이와 같은가'

를 되뇌어 보기 몇 번이었는지 모른다.

강물은 참으로 사람을 유정有情하게 하기에 충분한 것 같았다. 어느 날은 숨죽인 강물의 울음소리가 내 안에서도 일어나는 것이었다.

얼큰하게 술이 오르면 아버지께서 자주 부르시곤 했던 노래. 아직도 귓전에 맴도는 젖은 목소리.

"이즈러진 조가악달.

가앙물도 출렁출렁 목이 멥니다."

이런 강물 위에 달빛마저 실린다면 가을 풍경으로서는 나무랄 데가 더 있을 것 같지 않다. 그러고 보면 강물과 배와 달빛은 내게 우연히 각인된 것이 아니었다.

어느 날이던가 돌아가신 어머니의 옷가지를 내다 태우고 돌아온 날밤, 동생들 모르게 실컷 울어 보려고 광에 들어갔는데 거기에도 달빛은 눈부시게 쏟아져 들어왔다.

그때 달빛만 있으면 어디에서건 세상은 아름답게 보이는 것이라 생각하게 되었다. 슬프면서도 왜인지 그다지 서럽지가 않았다. 흰눈이 더러운 흙을 감싸듯, 달빛은 지상의 온갖 것들을 순화시키는 따스한 손길을 갖고 있는 듯싶었다.

달빛은 또 감성의 밝기를, 그리고 그 명암의 농도를 조종하는 장치도 갖고 있는 듯했다.

16년 전쯤 되나 보다. 교단에서 두시杜詩를 가르칠 때였다.

마침 가을이어서 〈추흥秋興〉 여덟 수 가운데서 나는 첫번째의 시를 골랐다.

   또 국화는 피어 다시 눈물 지우고
   배는 매인 채라
   언제 고향에 돌아가랴.

  고향으로 떠나지 못하고 있는 한 척의 작은 배.
  그 '고주일계孤舟一繫'는 두보 자신일 것이었다. 그는 오랜 표랑 끝에 그는 무산巫山에 들어가 은거하고 있었는데 벌써 폐병과 소갈증으로 신병이 깊은 후였다. 고향으로 가는 도중 배 안에서 죽으니 나이 쉰아홉.
  이 시가 그대로 내 가슴속에 들어와, 어쩌면 내가 그 실경實景 속의 주인공이나 된 것 같았다. 아니 내 경험 속에도 이와 비슷한 장면은 들어 있었다. 서울이 집인데도 명절날 집에 가지 못하고 자취방에서 멍하니 혼자 있을 때, 그때도 만월은 눈부시게 쏟아져 들어왔다.
  빈 방, 그리고 달빛.
  알 수 없는 무엇인가가 그때 가슴에 차오르기 시작했다.
  누르기 어려운 충일充溢. 아, 어떻게 말로 다 풀어낼 수 있을까?
  빈 배와 달빛과 그 허기를.
  그래서 아마 그때부터 달빛은 나의 원형이 되었고, 빈 배는 그대로 나의 실존을 뜻하게 된 것인지도 모른다. 나는 저 수묵화 속에서 노옹을 빼버리고 아예 빈 배로 놔두고 싶다. 그 위에 달빛만 가득하다면 거기에 무얼 더 보태랴.

아무것도 가질 수 없을 때, 나는 버리는 것부터 배웠다. 그 때문인지 세수하러 왔다가 물만 먹고 간다는 토끼처럼 도중에서 아예 목적을 버리고 마는 버릇. 투망投網을 하러 바다에 나갔다가 또 '어획漁獲' 그 자체를 버리게 되고 마는 것이었다. 그리하여 돌아오는 배에는 달빛만이 가득하거니, 달빛만 가득하다면 그것으로 좋았다. 무형無形의 그 달빛은 내게 있어 충분히 의미 있는 그 이상의 무엇이 되었으며, 언제인가부터 나도 제 혼자서 차오르는 달처럼 내 안에서 만월을 이룩하고 싶었다.

저 무욕대비無慾大悲의 만월을.

시간의 단면

예술의전당을 찾았다.

그곳에서는 20세기를 대표하는 초현실주의 화가, 살바도르 달리의 탄생 100주년 특별전이 있었다. 초현실주의에 대한 막연한 기대감과 기상천외한 그의 독창성 때문에도 관심을 갖고 있던 터였다.

전시장은 '꿈과 환상' '관능성과 여성성' '종교와 신화' 세 가지 주제로 꾸며져 있었다. 그가 초현실주의를 채택하게 된 것도 다름 아닌 꿈과 현실 사이의 대조對照이거나 혹은 상충相沖 때문이라고 했다.

그래서 그런지 그는 자신의 야생적 이미지를 꿈을 통해 표출해 내고 있었다. '서랍이 달린 미로의 비너스'도 새로웠지만 가장 눈길을 끈 것은 흡사 사슴뿔처럼 생긴 두 개의 나뭇가지에 걸쳐져 녹아내리고 있는 시계였다.

〈시간의 단면〉이라는 제목의 청동 조각품이다. 갈색 시계판에서 뚝 뚝 아래로 녹아내리는 쇳물은 마치 시계가 흘리는 눈물 같았다. '눈물을 흘리고 있는 시계…' 하고 그 앞에 섰더니, 아득한 기억 속에서 부로바 시계 하나가 눈앞에 떠올라 왔다.

크지도 작지도 않은 원형판에 갈색줄이 달린 시계였다. 남녀 공용인 그 시계를 놓고 나는 동생과 얼마나 다퉜던가. 중학교에 갓 들어간 남동생은 시계가 차고 싶었고 고등학생이 된 나는 실제로 시계가 필요했다. 시계가 귀하던 때(1957년)였다. 우리 남매는 그 시계를 번갈아 차고 다녔다. 세 살 터울이던 동생과 다툰 것은 그것 말고는 없었다. 장기도 초등학교 4학년이던 그애한테서 배웠고, 소낙비로 동굴에 갇힌 소년들처럼 우리는 마루 밑이거나 광에서 낄낄거리며 공상적인 이야기들을 함께 나누었다. 어린 그 아이의 말이 지금도 나의 어떤 정서를 지배하고 있다니.

"누나, 나는 9자가 참 좋아. 9자는 행운의 숫자야."

무슨 근거에서였는지 저승에서라도 그 애를 만나면 꼭 한번 물어 보고 싶다. 그런데 더 이상한 것은 내가 아직까지 그 9자를 좋아하고 있었다는 사실이었다. 1학기 말 고사를 치르고 나서 동생의 몸은 갑자기 고열로 펄펄 끓었다. 친구집에서 시험 기간을 보내고 돌아온 뒤였다. 병명은 뇌염. 동네 병원에서 서울대학병원으로 급하게 옮겨졌다. 옮겨지기 전날 밤 문병을 갔을 때 히죽이 웃어 보이던 얼굴이 다였다. 그 무렵 나는 어느 문학 콩쿠르에 참가할 작품을 쓰고 있을 때였다. 들창에 어둠이 걷히고 날이 훤하게 밝자 다급하게 문 두드리던 소리, 철렁하게 와 닿던 소리는 부음을 알리는 전갈이었다. 병원으로 달려갔을 때, 영안실 앞에 멍하니 쭈그리고 앉아 계시던 아버지의 모습도 잊을 수 없다. 일찍 퇴직한 그분에게 장남은 희망이었는데.

우리는 동생을 데리고 미아리 공동묘지로 들어섰다. 관이 들어갈 만큼 땅이 패이고 동생을 묻으려는 순간, 나는 내 팔뚝의 시계를 내려다보았다. 마음속으로 그 시계를 몇 번이나 풀어 그 안에 넣었는지 모른다. 그러나 실제로는 그렇게 하지 못했다. 우물쭈물하고 있는 사이에 흙이 관 위로 쏟아 부어졌고 시계를 독차지한 마음은 여전히 편치 못했다. 하루 걸러 그애의 몫인 것 같은 나날을 속으로 짚어 가며 지냈다. 기이한 동거인 셈이었다.

비탄에 빠진 아버지가 외출에서 돌아오시면 혹시 양복 주머니에 면도날이 들어 있을까 봐 밤마다 몰래 뒤져야 했고, 어머니는 부득이 절간으로 요양을 떠나셔야 했다. 동생의 학교를 찾아가 수업이 끝나기를 기다려 담임 선생에게 어떻게 말하고 돌아서 나왔는지 모르겠다. 식구들 모르게 이따금씩 미아리 공동묘지를 찾아가 한나절씩 무덤에 기대어 책을 읽다가 돌아오곤 했다. 그애를 외롭지 않게 하려면 내가 죽음 쪽으로 다가가

야 한다는 것이 그때의 생각이었고, 이상하게도 그곳에 가면 집에 있을 때보다 마음이 편안했다. 식구들과 마주치는 일을 피하려고도 원고 쓰기에 매달렸었다. 그 덕으로 박수를 받긴 했지만 미8군에서 주는 파스와 나이드라지드를 매일 한 주먹씩 먹어야 했다.

수업 시간에도 부로바 시계를 내려다보고 있으면 동생의 체온이 느껴지는 듯했다. 제법 세월이 지나 식구들은 평정을 찾은 듯했지만 아버지는 약주만 드시면 '한 많은 미아리 고개'를 외치셨고, 어머니는 그후 7년밖에 더 살지 못하셨다. 몇 년 뒤, 이장 공고를 통보받았으나 나 혼자 처리하기에는 벅찬 일이었다. 승가사에서 제야를 보내고 아침 일찍 그곳으로 직행했을 때 휑하게 펼쳐진 들판, 뛰는 가슴을 주체할 수 없었다. 택지개발로 이미 쓸려나간 동생의 무덤. 그 잘못을 어디에다 빌랴.

지금도 나는 보호자 없이 처리된 그때의 일을 떠올리면 어떤 어려움도 견딜 수 있을 것 같다. 무연고자의 화장 처리를 떠올리며 추운 겨울날, 홍제동 뒷산에 올라 화장터에서 피어나는 누런 연기를 보며 황망히 서 있기도 했다. 바람결에 와 닿는 누린내 속에서 동생의 실체를 느껴 보려고 애썼다. 우리는 생사生死를 곧잘 구름에 비유한다. 그리고 구름은 본래 실체가 없는 것이니 그것마저 놓아야 한다지만 말처럼 쉽게 받아들여지지 않았다.

지금도 묘지 찾아다니는 버릇은 그때 잃어버린 무덤에 대한 어떤 특별한 보상 심리가 뒤따른 것일지도 알 수 없다.

"죽음이란 원래 없는 것이요, 영혼의 불멸성을 인정한다면 부스럼 딱지와도 같은 시신은 아무렇게나 해도 무방하지 않은가?"

이런 선사의 말씀으로 한 가닥 위안을 삼기도 하고 "…흙으로 돌아간 나는 결국은 흙이 되어 없어져 아무것도 없는 공空으로 화하고…" 도연명의 자제문自祭文을 읽으면서 마음을 달래기도 했었다.

한때 '실험극장' 동인들과 함께한 시절이 있었는데, 우리들은 학교가 파하면 보신각 옆에 있는 아세아빵집에 모였다. 어쩌다 막걸리 집에라도 가는 날이면 나는 가끔씩 이 시계를 끌러야 했다. 대개 김성옥 씨가 계산을 했는데, 그때마다 돈이 모자라면 내게 시계를 풀라고 했다. 다음날 아세아빵집에 들르면 시계는 늘 그곳에 맡겨져 있었다. 동생도 이런 일이라면 기꺼이 동의해 주었으리라 믿는다. 그러나 '꿈과 환상'은 동의어이기만 한 것인가. 연극에 대한 꿈은 짧은 환상으로 끝나고 말았다. 얼마 뒤 어머니가 빈 집에서 혼자 세상을 떠나셨기 때문이다.

칸나가 핏빛 목울대를 뽑고 있는 여름 한낮, 사인은 심장마비라고 했다. 그후로 나는 사람들과 헤어질 때 '혹 이것이 마지막은 아닐까' 하는 불안감으로 턱없이 가슴이 뛰어올 때면 마음속으로 고별사를 써 보는 버릇까지 생겼다. 창졸간에 덮쳐

온 파도 때문일까. 점차 저항 없는 사람으로 되어 가고 있었다. 학교가 아닌 사무실로 출근을 하게 되면서 장남이던 그애가 문득 그리워지곤 했다. 둘이 차던 시계의 운명처럼 그애 몫을 대신한다는 생각마저 들었다. 그러면서 그애와 함께였는데 누구의 뜻이었을까? 어느 날 갑자기 멈추어 버린 시계. 부로바의 수명은 1965년 여름으로 끝나 버리고 말았다. 끝나 버린 것은 시계만이 아니었다. 열정으로 들끓던 내 인생의 여름날도 그리고 그애도 내게서 차츰 멀어져 갔다.

이성의 통제 없이 상상력이나 환각력에 의하여 무의식 속에서 표출하려고 했다는 저 달리의 시계처럼 늑골이 부러지듯 숫자판이 휘어져 줄줄 녹아내리고 있었던 나의 시계. 그것들은 실체로서 영구永久할 수는 없지만 달리의 작품 〈기억의 영속永續〉으로 되살아나 지금 내 가슴에 더운 불을 지피고 있지 아니한가.

눈을 감고 기억의 통로를 따라 근 반세기 전으로 돌아가 본다. 견디기 힘든 지각地殼의 균열로 빼개진 가슴. 어머니는 그때 정신을 잠깐 놓으셨고, 환각처럼 나는 오후의 미열에 들떠 있었다. 세상이 텅 비어 버린 듯한 한낮의 공포. 석류의 피멍울 같던 아른아른한 상흔들이 투명하게 떠오른다. 30년의 세월이 지나서 아버지는 당신이 바라시던 대로 동생이 죽은 달 그애 곁으로 떠나셨다. 살갗에 와 닿는 소슬한 바람마저 서먹하게 느껴지던 그런 초가을 무렵이었다. 그러고 보면 아버지는 늘

이맘때쯤이면 비감悲感해 하셨던 게 생각난다. 그분의 가슴속을 헤쳐 보면 휘어져 녹아내린 시계 바늘은 아마 그 언저리 어디쯤에서 멎어 있을 듯하다. 내게도 그 시간들이 공동空洞으로 얼룩진 폐의 어느 한 단면斷面처럼 암각화 한 장으로 남아 있다. 어두컴컴한 그 전시장 입구를 빠져 나왔다. 누에고치의 긴 터널을 지나온 것만 같다. 목도 축일겸 노천 카페로 가 앉았다. 날은 어둑신해지고 엷은 어둠은 나를 감싼다.

그때였다. 푸드득 눈앞을 스치는 검은 그림자, 별안간 풍장風葬이란 낱말이 떠오른 것은. 그러자 가슴이 뛰기 시작했다. 그래, 모두 바람이 거두어 간 생명들이었다. 바람이 데려간 목숨들!

허긴 저 이집트 파라오들의 거대한 무덤들조차 종내에는 세월의 바람 앞에서 풍사風砂로 흩어지지 않았던가.

비로소 나는 관棺 하나를 마음속에서 내려놓을 수 있을 것 같았다. 풍사가 눈앞에서 환영으로 흩어진다. 나도 흩어진다.

싱그러운 6월의 나무 냄새가 폐부에 깊숙히 와 닿는다. 이제야말로 '시간의 단면' 속에 나 그대로 풍화되어도 좋으련만.

가벼이 볼에 스치는 바람, 나는 거기에 온몸을 내맡기고 있었다.

뒤늦게 찾아온 이 빛깔은

 겨우내 나는 조바심을 치면서 진달래꽃이 피기를 기다렸다. 알 수 없는 일이었다. 무슨 조화 속인지 이번 봄에는 진달래꽃 빛깔의 재킷도 하나 장만했다. 그런 빛깔에 익숙지 않아 선뜻 꺼내 입지도 못하면서 바라보는 것만으로 봄을 지냈다. 무슨 현상일까. 뒤늦게 내게 찾아온 이 빛깔은.
 피카소의 청색이 희뿌연한 어둠 속에서 서러운 포말로 발기되는 이미지라면, 흰색은 서러운 순수, 혹은 자잘한 흰꽃의 비애로 그리고 노랑은 강렬한 충동으로 다가와 이런 빛깔들의 이미지는 설명이 그다지 어렵지 않은데, 안타깝게도 진달래꽃 빛깔은 어떤 내밀한 이미지가 손에 잡힐 듯하면서도 그게 쉽지가 않았다.
 달리는 차창 밖으로도, 공원에 들어가서도 눈은 진달래꽃을 찾기에 바빴다. 꽃 모양이 비슷해 달려가 보면 진달래가 아니고 철쭉일 때가 많았다. 거기에는 진달래꽃처럼 마알간 슬픔이 들어 있지 않았다. 그리고 숨결도 느껴지지 않았다. 서양 물감의 핑크와 화이트를 섞은 유화의 그것처럼 둔탁한 마티에르가 느껴졌다. 드디어 공원의 북쪽 구릉에서 진달래꽃을 찾아냈다. 보드레한 그 꽃잎을 한 장 따서 손톱 끝으로 살짝 눌러 보니 손끝에 와서 닿는 물기. 눈물 같아서 미안했다. 자세히 들여다보니 마알간 분홍꽃 속에 멍든 보랏빛이 아픔을 참고 있는 듯 보였다. 잎맥에 새겨진 실핏줄의 빗금무늬, 그것은 마치 상처의 낙인烙印과도 같았다. 꼭 다문 입술 같은 꽃 진달래꽃. 그 속뜰의 비의秘意를 짐작하게 한다.

예술가들은 표현 이전의 느낌을 곧잘 자신의 이미지로 기호화했다. 프랑스의 시인 랭보는 다섯 개의 '모음'에다 색채를 부여했다. 언어의 색色 이미지라고나 할까. '아'는 검정, '에'는 하양, '이'는 빨강, 이런 식이었다. 언어의 색채 이미지.

색채는 분명 언어 이전의 언어인 것 같다. 수묵화의 안개처럼 근원도 없이 피어올라 우리의 정서를 지배하고 마는 이 기묘한 색채의 감정을 어떻게 언어로 다 설명할 수 있을까?

"설명을 시작하는 순간, 색의 이미지는 사라지고 남는 것은 마치 다채색 나비가 벗어던진 애벌레의 껍질처럼 화려한 컬러는 사라지고 의미작용의 무채색만 나풀거린다"고 한 어느 미술가의 말이 떠오른다. 입을 떼는 순간 천리만리 뜻이 달아나고 만다는 선사들의 개구즉착開口卽錯이거나, 병뚜껑을 따는 순간 휘발되고 마는 향기처럼 그것들은 안에 가두고 머금고 있을 때에만 온전한 내 것이 될 수 있을지도 모른다. 옮길 수 없는 향기, 설명할 수 없는 색채, 드러낼 수 없는 경계境界. 그런 것은 몸으로 써야만 하는 언어 이전의 할喝이나 방棒일지도 모른다. 바람에 내맡겨진 풍경처럼 기실 우리의 몸은 외계에 어떻게 반항할지 알 수 없을 때가 있다. 다만 그것의 울림을 조용히 수렴하고 안으로 감지할 따름이다.

잠시 눈을 감고 진달래꽃 빛깔의 출처를 찾아 기억의 통로를 따라가 본다.

자동차 바퀴가 지나간 자국에 고인 빗물, 그렇지! 그 속에서 무지개 빛깔이 아름답게 방사放射되고 있었지. 지금 생각해 보면 자동차가 흘린 가솔린의 햇볕 반사로 인한 분광分光 현상이 아닌가 싶다. 볼수록 신기하기만 하던 고운 빛깔에 정신을 빼앗겨 그 앞에 혼자 쭈그리고 앉아 있던 계집애는 일곱 살이었다. 작은 웅덩이의 물은 미끈거리는 수은 같았고, 그 위에 현란한 무지갯빛이 어른대다가 금세 분홍빛으로 되어 버렸다. 마치 누군가의 요술 손에 의한 것처럼.

그후 무지갯빛의 연분홍색은 전복껍데기 안에서도 비눗방울놀이에서도 만날 수 있었다. 비눗방울은 풍선처럼 점점 커지면서 영롱한 무지갯빛을 피워 올리다가 '펑' 하고 공중에서 소리도 없이 그만 꺼져 버리는 소멸 때문에도 같은 동작을 되풀이하던 어린 날이 떠오른다. 허망하게 사라진 빛깔들이다. 올려다본 하늘에는 비누풍선이 사라진 대신 붉은 보랏빛이 물비늘처럼 어른거렸다.

색채에 대한 경이로움으로 가슴 두근거리던 때의 그 비밀스럽고도 왠지 고통스러웠던 기억. 앞으로 펼쳐지게 될 수많은 날들의 삶이 얼마나 고달픈 것인가를 정작 알지도 못했고 예쁜 빛깔만이 그저 환희였고 늘 그럴 줄만 알았던 시절, 그 기억 저편에 어머니가 서 계셨다.

진달래꽃 빛깔은 당시 어머니가 자주 입으시던 한복색이다. 그분은 정물화 속의 여인처럼 늘 조용하셨다. 주말이 되면 나는 친척 할머니의 손에 이끌려 타박타박 돈화문 구름다리를 지나 원남동에서 전차를 타고 돈암동에서 내리곤 했다. 한약 냄새가 나는 그 집에 엄마가 계셨다. 왜 그분은 그때 집을 떠나가 계셨을까. 나를 물끄러미 건너다보실 뿐 애틋한 모녀의 포옹 장면 같은 것은 연출되지 않았다. 차려 내온 점심을 먹고 그냥 돌아서 나오는 발길, 무언지 모를 먹먹하던 심정, 손이 닿을 수 없는 틈으로 서늘한 바람 같은 게 지나갔다.

정신 이상을 일으킨 아쿠타가와 류노스케의 어머니는 친정이라도 있어서 그곳에 보내졌지만, 친정을 북에 둔 단신單身인 어머니의 심정을 나는 아직도 이해할 나이가 아니었다. 바람이 넘나들 수 없는 밀폐된 공간, 그 공간에 혼자 갇혀 있었던 것은 아닌지?

어머니의 심정을 짚어 보는 날이 많아진다. 그러면서 자살로 생을 마감한 아쿠타가와가 이해되고 사람은 누구나 출구 없는 방을 하나씩 가슴속에 지니게 마련이라는 생각을 하게 된다. 이따금씩 허공을 올려다보며 혼잣말을 하시던 어머니의 옆모습이 떠오른다.

기억을 더듬어 본다. 어머니는 그때 왜 그곳에 계셨을까? 어디가 아팠었는지 도무지 기억이 나질 않는다. 지금의 내 나이보다 훨씬 더 젊었던 그분은 혹시 마음의 병(?)을 앓고 있었던 것은 아닌지, 여기에 생각이 미치자 이상하게 마음이 허둥거려진다.

작은 웅덩이 속에 담겨 있던 어린 시절의 먹먹한 그 기억이 이제서야 서서히 피어오르는 것이다. 갇혀 있던 나만의 한 세계. 마알간 분홍꽃 뒤에 감추어진 뭔지 모를 보랏빛의 아픔으로 번지는 그 빛깔이 찌릿한 전류로 지나간다. 연분홍 치마가 봄바람에 휘날리는 영상 화면에 유혼遊魂처럼 거기 서 계신 어머니.

나는 진달래꽃을 보고 있으면 까닭도 없이 오펜 바흐의 〈자크린의 눈물〉이 듣고 싶어진다. 첼로의 현을 따라 침잠의 세계로 무한히 바다 끝까지 가라앉고 싶다. 그리하여 어둠의 어떤 원형 속에 들어가 숨고 싶어진다.

다시 태어나도 화가가 되겠다던 최욱경. 별안간 왜 그녀가 생각난 것일까?

자신이 화가인 것 외에 여자라는 것을 깨닫는 데 29년이란 세월이 걸렸으며, 무엇보다 부러웠던 것은 임신한 중년부인의 배부른 모습이었다고 고백한 그녀의 육성이 왜 자꾸 진달래꽃 빛깔에 들어와 차는지 모르겠다. 여성성의 비애라고나 할까, 여성의 본질이라고나 할까. 거기에 아이들을 셋이나 앞세운 어머니의 실어증과 아버지의 외도, 진달래꽃 빛깔의 투혼이 아프게 닿는다. 오펜 바흐의 CD는 지금 〈천상의 두 영혼〉을 연주하고 있다. 제발 천상天上에서는 고통 없는 삶이 이어지기를 바란다. 허공을 선회하며 붉은 점點, 점으로 흩어지는 꽃잎.

그리고 보면 허망하게 스러져 가던 비눗방울처럼 인생의 본질은 환幻인 것도 같고 슬픔인 것도 같다. 말씀이 통 없으시던 어머니는 그때 옷감에 꽃물을 자주 들이셨다. 외로운 사람에게 그 채색놀이는 하나의 위안인 것처럼 보였다. 혼자서 연출 가능한 환상의 세계. 화가들이 격렬하게 추구하던 색色이란 것도 결국은 허망한 빛의 놀이, 요즘 나는 환幻의 실체를 빛깔에서 만난다.

금년 봄, 알 수 없는 갈망으로 진달래꽃 빛깔에 사로잡혀 있었다. 아른아른한 맨살의 얇은 진달래 꽃잎 한 장을 기어이 손바닥에 올려놓고, 그것의 실체를 들여다보고 있다. 시름시름

시들어 가는 생명. 한 마리의 작은 나비 같은 꽃잎에서 나는 차마 눈길을 거둘 수 없었다.

흰 구름이 흐르던 언덕

 눈밭에 발자국을 찍듯, 수유리 4·19탑 아랫마을에서 잠시 머물던 적이 있었다. 사십여 년 전의 일이다. 그때는 인가도 많지 않았고, 길도 직선대로가 아닌 곡선으로 좁게 구부러져 들어갔으며, 비 오는 날이면 땅이 질어서 신발이 엉망이 되어 버리곤 했다. 버스가 대지극장 앞을 지나 수유 사거리에서 '화계사 입구'의 팻말을 보고 천천히 몸을 틀면, 거기 늠름하게 잘생긴 산이 불쑥 눈앞에 다가서곤 했다.
 그때 내 신분은 명색이 학생이었다. '가족 없음' '직장 없음', 있는 건 아무것도 없었다. 지금 생각하면 형편도 안 되는데 직장을 퇴직하고 난 홀가분한 자유 속에서 부려 본 만용이었다고나 할까. 퇴계로에서 집으로 돌아오는 버스에 앉아 있으면 이런 노래가 흘러나왔다.

홀로 살고파 있을까
홀로 울고파 왔을까
돌아가지 않는
길 잃은 철새

어스름한 차창에 성큼 어둠이라도 내려 버리면 그만 가슴이 덜컹 내려앉는 것이었다. 어서 밤이 되는 편이 더 나았다. 어둑신하게 날이 저물려 할 즈음이면 왠지 나는 마음이 진정이 되질 않았다.

산그림자를 길게 드리우며 내 앞을 '턱' 하니 막아서던 인수봉. 그러면 알 수 없는 어떤 절망감이 가슴 끝에까지 와 닿는 것이다. 버스에서 내려 어둠과 마주 서 있으면 서서히 드러나기 시작하던 보랏빛 능선. 길게 이어진 그 능선의 꼬리는 어떤 시련의 끈과도 같아 보였다.

손곱은 추위, 발을 동동거리며 낯선 골목 안으로 구부러들다가 걸음을 멈추면 아득한 전생의 어느 길목을 더듬어 가고 있는 것은 아닌가 하는 착각이 들 때도 있었다.

남의 집 뒷방, 부엌도 없고 밥도 없고 작은 방의 네모난 벽과 그 앞에 면벽하여 동그마니 앉은 내 자신, 그리고 할 일 없음뿐이었다. 창문을 사납게 흔들어 대던 바람 소리를 들으며 그때 헤르만 헤세의《싯다르타》를 읽고 〈서구 작가와 불교적 경향〉이란 제목의 글을 쓰기도 했다.《채근담》에 밑줄을 그으며 냉기를 잊으려고 애썼다.

그 무렵 소설가 오영수吳永壽 선생께서 산보길에 어쩌다 들러 주시곤 했는데, 방바닥에 손을 짚어 보기도 하고, 또 어떤 날은 막내 아드님을 시켜 쪽지를 보내기도 하셨다. '고료를 탔으니 한턱 쓸게. 아무 데로 나오너라'는 전갈이었다. 선생 댁은 11번 버스 종점, 개울 건너 솔밭 뒤에 있었다. 저녁까지 얻어먹고 밤이 늦어 버린 시각이면 숙이[개]를 데불고 선생은 집 앞까지 바래다 주셨다. 불교에 관한 책을 빌려 가시기도 하고, 내가 좋아하는 작가를 여쭙자 선생은 일본의 나쓰메 소세키[夏目漱石]와 〈나라야마 부시고[楢山節]〉를 쓴 후카자와 시치로가 부럽다고 말씀하셨다.

인적이 끊어져 아무도 없는데도 달밤이어서 그랬던지 숙이는 컹컹 짖어 대고 나는 선생을 따라 타박타박 걸으면서 아무 생각 없이 그저 좋았다. 선생은 맏따님과 또래이던 나를 딸처럼 대해 주셨다. 그리고 내가 결혼하던 날은 눈길에 아드님 건이를 앞세우고 남 먼저 찾아와 축사까지 해 주셨다.

결혼을 하자 곧바로 시댁으로 들어갔다. 아기까지 우리 식구는 열두 명이었으나 밥 때가 되면 서너 명씩 불어나는 것은 예사였고, 서툴기만 한 큰 살림 속에서 헤어나지 못하고 있을, 그로부터 몇 해째가 되는 가을이었다. 뜰이 넓어서 마당에 떨어지는 낙엽을 쓰는 일도 수월치 않았다. 하건만 이 일만은 누구에게도 양보하고 싶지 않았다. 남 먼저 일어나 낙엽을 쓸어모

으는 일은 나를 위한 검속檢束이며 어쩌면 그곳에서 내가 제일 잘할 수 있는 일인 것 같았다. 굽힌 허리로 마당을 한 바퀴 돌고 나면 훤하게 날이 밝았다. 방금 쓸린 마당의 고운 빗자국, 그것도 내겐 위안이 되어 주었다. 점심상을 물리고 장대를 돋우며 뒤란에서 푸새빨래를 널다가 문득 마주치게 되는 파란 하늘, 아득히 저쪽에 어린 동생들 얼굴이 주루룩 떠오르는 날도 있었다.

안방에서 어머님과 함께 어우러지는 어린 시누이들의 깔깔대는 웃음소리. 잘 섞이지 못하고 있던 나를 더욱 실향민의 심정이 되게 하였다. 그럴 즈음 낙엽처럼 엽서 한 장이 대문 앞에 뚝 떨어졌다.

가을이 깊었다
소식 없어 궁금하구나
언제 한 번 다녀가렴

낯익은 오 선생의 필체였다. 사실 그 무렵, 손아래 동서를 들이면서 누가 건드리기만 해도 울음이 터질 것 같은 상태였다. 그러나 돌 전 어린애가 딸려 외출 같은 것은 꿈도 꾸지 못했는데, 그 엽서 한 장이 그만 마음의 파문을 일으키고 만 것이다. 설거지를 도와 주던 언니에게 어린것을 맡기고, 외출복도 마땅찮아 한복을 입은 채 그냥 선생 댁으로 달려나갔다.

널따란 마당, 대문은 열려 있었고 잔디밭도 그대로인데 왠지 그전처럼 나는 활발할 수가 없었다. 선생은 반가워하면서도 아무것도 묻지 않으셨다. 차를 손수 만들어 내주시고, 예전 그대로 담배 파이프에 던힐을 얹으신다. 무엇을 물으면 대답이 곤란할 뿐이었는데, 글을 쓰는 분이라서인지 짐작만으로 아무것도 묻지 않으셨다.

"일어나자!"

나를 일으켜 세우는 어떤 결단의 의지가 느껴지는 듯한 어조였다. 점퍼 차림인 선생을 따라 자리에서 일어났다. 대문의 왼쪽 돌담을 끼고 나가면 전부 소나무숲인데, 그 사잇길로 한참을 들어가다 보면 작은 언덕에 이르르게 된다. 그 아래 몇 채의 인가가 나오고 자은정사慈恩精舍 절 앞마당을 지나면 그 근처에 수령 오백 년이 넘었다는 은행나무가 장대하게 서 있다. 바로 그 뒷편 언덕에 연산군의 묘가 있었다. 선생은 그리로 가고 계셨다. 낯익은 길이었다.

역사 얘기에 신이 나서 톤을 높이던 내 목소리가 허공 어딘가에 남아 있을 듯싶어 사방을 둘러본다. 선생은 예전 그 장소에 올라가 자리를 잡고 앉으셨다. 말없이 나도 그 옆에 가 앉았다. 무덤 속의 부인, 신愼씨가 적막한 연산군의 묘를 그나마 지키고 있는 듯이 보였다. 그들 둘은 지금 땅 속에서 무슨 대화를 나누고 있을까? 나는 태고 속으로 가라앉는 배처럼 침잠되고 있었다.

선생은 시가를 꺼내 불을 당긴다. 구수한 냄새가 사방에 번져난다. 눈앞에 있는 잡목들은 생기를 잃고, 나뭇가지들은 숱 빠진 머리 밑처럼 헐렁해 보인다. 그런 것들은 계절 탓이거니와 달라진 게 있다면 내가 지금 한복을 입고 있다는 것, 나는 그런 점을 생각하고 있었는데 별안간 침묵을 가르며 "니, 저 구름 좀 보레이" 하신다. 선생은 여직 구름만 보고 계셨던 모양이었다. 올려다본 맑은 하늘에는 과연 흰 구름이 둥실둥실 떠가고 있었다. 목화솜 뭉치처럼 덩글덩글 피어오르다가 금세 다른 모양으로 바뀌면서, 모였다 흩어지고 뭉쳤다가는 풀어지고….

 한참 동안 구름만 보다가 돌아왔다. 그뿐이었다. 그런데 이따금씩 내 안에서 선생의 그 목소리가 되살아날 때가 있다. 호젓한 어느 산보 길에서 문득 올려다본 하늘이거나, 아니면 볕 그리운 계절 벤치에 나와 있을 때, 그 여백으로 나지막이 들려오는 소리. 선생은 그때 무슨 말씀을 내게 하고 싶으셨던 것일까?

 "니, 저 구름 좀 보레이."

 나는 그만 콧잔등이 찡해져서, 그런 날은 빈 하늘가만 더듬게 되는 것이다.

늙은 아내는
종이에 바둑판을 그리고

"늙은 아내는 종이에 바둑판을 그리고." 두보杜甫의 시구 '노처화지위기국老妻畫紙爲棋局'의 구절이 불쑥 튀어나온 것은 딱! 딱! 적막을 깨는 돌소리가 귀에 와 닿으면서부터다. 오랜 떠돌이 생활에서 잠시 가져 보는 안착. 두보의 아내는 그런 남편을 위해 바둑판을 그린다. 마음은 서로 같으나 시대가 다르므로 내게 그런 수고는 이제 필요없게 되었다. 남편은 아까부터 컴퓨터 앞에 앉아 혼자 바둑을 두고 있다. 그와 대각선 위치인 식탁에 책을 펼쳐 두고 있지만 활자가 통 눈에 들어오지 않는다. 피로한 눈을 쉴 겸해서 시선을 잠시 창 밖에 둔다. 나목이 거기 의연하게 서 있다.

지금은 12월 중순, 마침 눈발이라도 내릴 것 같은 흐린 날씨다. 헐벗은 나뭇가지의 풍경을 설화雪花로 장식하고 까닭 없이 허전해지는 세모의 심경을 위로하도록 눈이라도 포근하게 내려주었으면 싶다. 그러고 보니 어느새 우리도 인생의 세밑쯤에 와 있다는 느낌이다. 우리 내외는 지금 말없이 시간을 잘 보내고 있는 중이다. 시간을 잘 보낸다기보다는 '시간 죽이기'라는 표현이 더 적절할는지도 모르겠다. 아무튼 서로에게 짐이 되지 않으려고 조심하는 것만은 사실이다. 그도 이제 퇴직한 지가 벌써 여러 해째나.

틀에 매인 봉급자의 생활이란 얼마나 자유시간이 간절하던가. 그런 만큼 남편도 마련이 많았다. 퇴직하면 읽겠다고 사 두었던 책들. 가보고 싶어하던 나라의 여행 계획표. 그는 틈틈이 화구畵具를 장만하면서 세계의 미술관 순례를 꿈꾸어 왔다. 퇴직 후 몇 년 간은 의욕에 불타 청년 못지않은 기백으로 불어를 공부한다, 그림을 그린다며 솟구치던 의욕은 팽팽한 포물선을 긋더니만 어느 날인가부터는 바람이 새어 나간 공처럼 시들해지고 말았다.

누군가 인생의 반半은 본문이고 나머지 반은 주석이라고 했다는데 주석도 없이 본문만으로 인생이 끝나 버리는 게 아닌가 싶은 쓸쓸한 노회老悔가 남는다. 그는 친구들과 어울리는 정기적인 산행과 바둑, 아니면 음악을 듣다가 책장을 덮기도 하고 TV를 보다가 오수에 빠지기도 한다. 식사 후 의무적인 산책, 그러고도 또 시간이 남는다.

딱! 딱! 바둑판을 치는 돌소리가 제법이다. 만일 현장을 목격

하지 않는다면 적요 속에 어느 상대와 마주 앉아 근엄하게 바둑 두는 장면을 떠올리게 되리라. 침묵과 요지부동, 어느 날인가는 그런 그가 짐짓 섬처럼 보일 때도 있다. 누군가 혼자 마시는 차를 '이속離俗'이라 한다던데 혼자 두는 바둑은 무엇이라 일컬을까? 속俗을 떠나지 않았는데도 그냥 '이속'이 아닌가.

아이들이 빠져 나간 빈집에 딱! 딱! 정적을 울리는 돌소리가 왠지 가슴 한끝을 시리게 한다.

내가 '노처화지위기국'의 구절과 만난 것은 대학 1학년 때였다. 긴 여름방학 어느 날 오후, 두보의 시《강촌》을 벽에 써 두고 피서 대신 그것으로 무료를 달랬던 적이 있다.

청강일곡 포촌류淸江一曲 抱村流하고
장하강촌 사사유長夏江村事事幽라.

이렇게 서두가 시작되면서 그림처럼 눈앞에 펼쳐지는 강촌의 풍경.

긴 여름날의 대낮ㅡ. 마을은 강물에 안기어 조는 듯 한가롭고, 제비는 처마를 마음대로 드나드는데 물에는 몇 마리의 갈매기.

노처老妻는 종이에 바둑판을 그리고, 아이놈은 바늘을 두들겨 낚시를 만든다. 시의 결미에서 두보는 넌지시 이렇게 말한다.

나는 우두커니 앉아 아무 바라는 바 없다.
그저 약물이나 좀 먹었으면 한다.

평상에 나와 멍하니 앉아 있는 초연한 그의 모습이 보일 듯하다. 나는 이 마지막 결구를 높이 상찬하거니와 몇 해 전 이 시의 현장을 찾아보기 위해 성도成都 완화계浣花溪의 초당을 들른 적이 있었다. 아무 대책도 없이 두보는 759년에 성도의 서쪽 교외로 들어왔다. 완화계 근처의 절 옆에다 행장을 풀고, 어느 스님의 도움으로 완화계반의 늪을 한 묘쯤 얻어 개간한 뒤 커다란 굴거리나무 아래 띠집을 짓고 스스로 '초당草堂'이라 명명하였다. 이곳에서 그는 260여 편의 주옥같은 시를 남겼다. 여기서 잠시 가족과 함께 보낸 생활이 일생에서 가장 행복한 나날이었다고 전한다. 인생에서 영일寧日은 누구에게나 짧기만 한 것인가. 그리하여 지금의 이 무사無事 영일한 순간도 왠지 내게는 가슴 두근거림으로 다가온다. 마치 폭풍 전야처럼.

나는 현판에 새겨진 '두보초당'을 읽으며 대문 안으로 성큼 들어섰다. 1300여 년의 세월만큼이나 무성한 나무들이 하늘을 찌를 듯 꼿꼿하게 서 있었다. 실개천이 흐르는 석교를 지나 돌계단에 오르니 본당 한복판에서 만나게 되는 두보의 동상. 백제성白帝城에서 보았던 고뇌에 찌든 얼굴이 아니라 평담하고도 의연한 모습이었다. 성도에 와서 누려 보는 오랜만의 평안을 나타낸 것이리라.

48세가 되는 이듬해 화주로 쫓겨난 두보는 10년 동안이나 지향없이 표박하는 몸으로 각지를 떠돌아야 했다. 어느 겨울날 한수漢水를 거슬러 장안으로 가려다 배 안에서 눈을 감고 말았다. 그는 폐병과 중풍을 앓았다. 오른손은 마비되고 당뇨의 합병증으로 귀가 먹었다. 눈도 잘 보이지 않았다. 병고와 궁핍 속에 시달리며 만년의 1년 반이라는 세월을 배로 떠돌아야 했다.

흰눈이 펄펄 내리는 겨울날 오후 세상을 타계하기 얼마 전의 일이다. 그는 아들의 부축을 받으며 악양루에 올랐다. 내가 두보를 생각하며 그 악양루 3층 누각에 서 보았던 것은 2001년 어느 가을날이었다. 눈 아래 일망무제로 펼쳐지는 동정호. 그 푸른 물결 위에 실리는 막막한 슬픔.《등악양루登岳陽樓》라는 그의 시가 그때 명치끝에 와 닿았다.

하늘도 땅도 주야에 떠 있는데 (생략)
자신도 늙어 병든 채 일엽편주一葉片舟로 떠 있다.

그래서 그런지 '두보' 하면 나는 그의 이미지가 늘 외롭게 떠 있거나 혹은 매어 있는 배 한 척으로 떠오르곤 한다.

사실 요즘에 와서 우리는 저마다 외로운 섬의 '고주일계'가 아닐까 하는 생각이 절실해진다.

뿌옇게 흐려진 시야에 마침 흰눈이 요정처럼 나풀거리며 창공을 선회하기 시작한다.

아! 눈이 내린다. 어지러이 나르는 흰 눈발 속 저만치에 서 있는 한 사내의 초라한 모습이 보인다. 웃음이라고는 통 모를 것 같은 백제성에서 보았던 그 일그러진 표정.

시공을 떠나 익양무를 맴놀고 있는데 별안간 딱! 딱! 바둑돌 때리는 소리가 그만 나를 현실로 불러들인다.

점차 굵어지고 있는 눈발 앞에 나는 탄성처럼 '노처화지위기국'을 되뇌는 것이다.

라데팡스의 불빛

 파리에 머무는 동안 우리는 두 곳에서 체재했다. 처음 일주일은 고전적인 분위기가 느껴지는 몽파르나스 근처였고, 그후 집을 얻어 나간 곳은 전위적인 신도시 라데팡스였다. 샹젤리제 대로의 개선문을 빠져 나와 그 뒤로 곧바로 뻗어 있는 그랑드 아르메 대로를 지나 센 강을 건너면 바로 거기가 라데팡스 지역이다. 저마다 특색 있는 건축물로 군群을 이룬 고층 빌딩가임에도 한적하고 매우 아늑했다. 우리는 새천년 5월, 인생의 마지막 축복처럼 거기에 있었다. 인생 외길을 앞만 보고 달려오다 보니 어느덧 멈춰 서게 된 나이 정년停年에 이르러 비로소 가능하게 된 일이었다. 열흘 간의 유럽 여행을 마치고 우리 내외는 파리에서 주저앉았다. 개선문이 서 있는 에투알 광장을 중심으로 좌측에 빅토르 위고와 폴 발레리가 만년을 살다가 숨을 거둔 집이 있고, 보들레르가 어머니의 품에서 숨을 거둔 정신병원이 있었다. 애인의 이름이나 되는 것처럼 그들의 이름을 가슴에 품고 주소만으로 발품을 팔아 가며 그들의 연고지를 찾아 파리 시내를 헤매었다. 숙소로 돌아오면 밤마다 준비해 간 자료들을 들춰 보고 아침이면 등교하는 학생처럼 서둘러 집을 나서곤 했다. 프랑스 작가들에 관한 기록은 내 몫이고 남편은 주로 미술관 자료를 챙겼다.

2000년 5월 19일, 이른 조반을 마치고 우리를 데리러 오기로 한 친구들을 기다렸다. 오베르 쉬르 우아즈로 가기로 한 날이었다. J군은 알베르 까뮈를 전공하는 불문학도였고, 친구 딸은 시각 디자인을 공부하는 학생이었다. 아침부터 가는 비가 조금씩 뿌렸다. 우리는 승용차로 시간 반 가량 걸려 파리 북부에 있는 오베르에 닿았다. 빈센트 반 고흐가 숨을 거두던 날의 정황을 알고 있었기에 가슴이 조여 왔다.

50여 년 전쯤 되는 것 같다. 갓 대학생이던 시절, 일본 문고 판화집으로 고흐와 처음 만났는데 그때 본 〈슬픔(悲しみ)〉이라는 제목의 그림이 왠지 오래도록 가슴에 남아 있었다.

무릎 위에 팔짱을 끼고 그 사이에 얼굴을 묻고 있는 늙은 나부裸婦의 연필 스케치였다. 구부린 등으로 흘러내린 윤기 없는 머리칼, 볼품없이 처진 유방 아래로 불룩한 배. 무어랄까. 암컷의 비애 같은 것을 느끼게 해 주던 그림이었다. 고흐와 창녀 시엔과의 일을 알게 된 것은 훨씬 나중 일이었다. 고흐는 늙고 병든 창녀와 동거 생활을 서슴지 않았다. "그녀와 있을 때가 제일 마음이 편해"라던 말이 이상하게도 내 마음을 흔들었던 것이다. 그때 "왜 창녀가 성녀聖女인 줄 아십니까?" 하고 '창녀가 성녀'라고 목소리 높여 '성녀론'을 외치던 어느 화백의 말이 떠올랐고, 창녀의 '성녀론'은 이내 고흐와 로트렉의 이름을 연관지어 떠오르게 하는 것이었다.

선線의 화가 툴르즈 로트렉이 앙보와즈의 매음가에 드나든 것은 28세 때부터다. 몽마르트르 물랭 가街에 새로운 고급 창가娼家가 생기자 그는 아예 그곳으로 이사해서 창녀들 속에서 생활하기 시작했다. 창가가 그의 집이자 아뜰리에였던 것이다. "어디보다도 여기 창가娼家에 있을 때가 제일 마음 편안해"라던 로트렉의 그늘진 얼굴도 떠오른다. 그는 사창가에 파묻혀 살면서 그녀들의 편지를 대필해 주고, 신세 타령을 들어주고, 술 파티도 열어 주었다. 그리고 50여 점이나 되는 작품 속에 창녀들의 모습을 담았다. 손님과 자는 모습. 검진을 받는 모습. 속옷을 벗는 모습 등 노골적인 부분까지도 꾸밈없이 그려 나갔다.

로트렉은 살아 움직이는 대상에 대한 관심이 남달랐다. 어려서 골절상을 입고 하체가 발육 정지된 기형의 불구자여서 그랬을까? 튼튼한 다리를 가진 말이라든지 캉캉을 추는 무희, 카페나 댄스홀, 사창가, 서커스, 극장 등을 찾아다니며 재빠르게 움직이는 동작들을 냉담한 시선으로 열심히 그려 나갔다. 캐리커처적인 데생 기법으로 완성된 물랭루주 시리즈와 서커스 시리즈가 아직도 전해진다. 로트렉이 그린 창녀들은 타락한 여자도 아니고 구제받아야 할 인간도 아니며, 다만 그 이상도 이하도 아닌 '창녀'일 따름이라고 한다. 대상으로서의 냉철한 표현을 추구했다는 것이 되리라.

그러한 반면 화가 루오는 창녀들의 추악한 모습을 그려 그것을 묵인하는 사회에 대한 고발 정신을 거기에 포함시켰다. 그런가 하면 고흐는 렘브란트가 그린 매춘부의 초상화에는 신비스러운 미소가 특유의 무게를 갖고 아름답게 포착되어 있다면서 그를 미술가 중의 미술가라는 극찬을 아끼지 않았다. 고흐는 네델란드의 선배 화가인 렘브란트에게 경도되어 있었다. 그러나 고흐가 그린 매춘부 시엔에게서는 루오의 추악함도 아닌 렘브란트의 아름다움도, 로트렉의 창녀다움도 아닌 한 여자의 운명적인 슬픔을 나는 그때 전해 받았던 것이다.

"빌어먹을, 벽은 너무나 춥고 나는 지금 여자가 필요하다"고 동생에게 편지를 써 보낸 것은 고흐의 나이 28세 때. 그는 어느 추운 겨울날, 거리를 헤매고 있는 여자 시엔과 만난다. 그녀는 병들고 임신한 데다 남자에게 버림받은 만삭의 여인이었다. 고흐는 편지로 동생에게 알렸다.

나는 진심으로 시엔을 좋아하고 그녀 역시 그렇다. (…) 그녀도 나도 불행한 사람이지. 그래서 함께 지내면서 서로의 짐을 나누어 지고 있다. (…) 시엔을 만나지 않았다면 마법이 풀려 실의에 빠졌을 것이다. 그녀와 그림이 나를 지탱해 주고 있다. 시엔은 화가가 겪어야 하는 자잘한 고생을 도맡아 주고 모델이 되어 포즈를 취하고 있다. 비록 그녀가 케이(약혼녀)처럼 우아하지도 않고 예절도 잘 모르지만 선의와 헌신으로 가득 차 있어서 나를 감동시킨다. (…) 나는 지금보다 더 나은 때에 그녀와 결혼할 수 있을 거라고 생각한다. 그것이 그녀를 계속 도울 수 있는 유일한 길이기 때문이다. 그렇게 하지 않으면 그녀는 다시 과거의 길, 그녀를 구렁텅이로 내몰 것이 분명한 그 길로 돌아갈 수밖에 없을 테니까.(하략)

그러나 시엔과의 관계도 오래 지속되지 못했다. 그녀에게는 다섯 명의 애들이 딸려 있었고, 고흐는 몹시 빈곤했으며, 그해 6월 병원으로 들어가야 했기 때문이다. 37세의 나이로 생애를 마감하기까지 고흐는 서너 차례의 청혼을 한 일이 있건만, 하숙집 딸에게서도, 사촌인 케이에게서도 모두 거절을 당했다. 연상의 어느 여인과도 사귀었지만 가족들의 반대로 결혼의 꿈은 종내 이룰 수 없었다. 가난 말고도 그는 간질성 발작의 지병을 갖고 있었다. 만일 고흐가 지병을 갖고 있지 않았더라면, 또한 가난 때문에 청혼을 거절당하는 일조차 없었더라면 시엔과 사귀게 되었을까? 마찬가지로 로트렉의 몸이 정상이었다면(신장 137cm의 기형임) 어떠했을까? 인생의 실격자라는 패배 의식이 없었다고 해도 그는 창녀들과 어울렸을까? 그러나 이미 그건 어리석은 질문일지 모른다.

"내가 그림을 그리게 된 것은 우연에 지나지 않아. 내 다리가 조금만 길었더라면 난 결코 그림 따윈 그리지 않았을 거야" 하던 그의 말이 모든 걸 답해 주고 있지 않은가. 운명은 이미 선택 이전의 것이었다. 귀족 집안에서 태어나지 않았고 그래서 또한 혈족 혼인의 피해가 없었더라면 그런 허약 체질은 물려받지 않아도 되었을 것이기에.

매춘부 시엔과 고흐, 그리고 창녀들과 로트렉, 그들의 교합은 어쩐지 마른 장작처럼 완전연소로 타오르지 못하고, 젖은 습목의 그것처럼 미완으로 남아 그들의 생애와 맞물려 사람의 마음을 젖게 만드는 것이었다.

어느새 발걸음은 그의 집에 다달았다. 반쯤 열려진 붉은 철제 대문 안으로 들어섰다. 담쟁이덩굴은 '반 고흐의 집'이라는 글자만 남겨 놓고 벽을 온통 뒤덮어 버렸다. 개장 시간은 9시 30분, 근처 카페에서 쁘레소를 주문하고 30분을 더 기다려야만 되었다. 오베르는 아주 작고 한적한 마을이었다. 고흐가 이곳으로 온 것은 1890년 5월 중순이라고 하니, 우리가 고흐를 찾은 계절과 같은 무렵이다. 그가 즐겨 그렸던 보라색 붓꽃이 오베르 교회 앞에도 한창이었다. 생 레미 요양원에 가 있던 형을 테오가 파리로 부른 것은 1890년 5월 17일. 동생의 형편이 몹시 어려워진 것을 안 고흐는 곧바로 이곳 오베르로 떠나오게 되었는데 라부의 여인숙에 머물면서 화가이며 의사이기도 한 가셰의 치료를 받으며 그는 그림에만 몰두했다. 오베르에서만도 60점에 가까운 유화를 제작했고, 30점의 수채화와 드로잉을 남겼다. 거의 하루에 유화 한 점 꼴인 놀라운 성과였다.

2층 기념품 가게에서 방명록에 사인을 하고 3층으로 올라갔다. 계단을 밟아 오르는 순간, 알 수 없이 가슴이 조여 왔다. 무엇 하나 허투루 보이지 않았다. 담벼락에 페인트칠이 벗겨진 자리에 지그재그로 난 균열은 불안한 그의 영혼을 보는 듯해서 마음이 좋지 않았다. 숨죽이며 고흐의 방으로 들어섰다. 한쪽 모서리가 깎여진 아주 작은 다락방이다. 참담했다. 달랑 의자 하나가 놓여 있을 뿐, 아무것도 없다. 언젠가 그의 그림에서 본 '울고 있는 노인'이 앉아 있던 바로 그 의자인 것 같아서 거기에 앉아 나는 사진을 한 장 남겨 왔다.

이 방에서 일어난 일들이 순간 파노라마처럼 지나갔다. 파리에서 달려온 동생에게 '총상은 실수였다'고 고흐는 말했지만 사실은 계획된 죽음이었다. 그 무렵 고흐의 손에서는 자꾸만 붓이 미끄러져 나갔다. 그런 손으로 고흐는 〈까마귀가 있는 밀밭〉과 〈오베르의 교회〉를 완성했다.

"남에게 욕이 되고 귀찮은 존재가 된다면 차라리 나는 죽음을 택할 것이다. 고통을 불평 없이 참아 넘긴다는 것은 인생에서 오로지 배워야 할 유일한 점"이라던 그의 육성이 들리는 듯

해서 침묵 속에 고개를 숙이고 잠시 서 있었다. 얼굴이 굳어진 우리의 일행은 누구도 입을 열지 않았다. 지붕으로 난 작은 들창과 마룻바닥, 나는 눈으로 고흐의 침대를 창가에 놓아 보고 그 옆에 테오를 앉혀 본다. 밤이 내리고 방안에 단 둘만 남게 되자 형제는 브라반트에서의 어린 시절 이야기를 조용히 나누기 시작한다. 새벽 1시가 조금 지났을 때, 고흐가 약간 고개를 돌리고 나직하게 중얼거렸다.

"테오, 난 지금 죽었으면 좋겠구나."

그리고 몇 분 뒤 그는 눈을 아주 감았다. 7월 29일의 일이다. 그의 유해가 오베르 교회 앞을 지나서 비탈길을 올라, 자살하기 며칠 전에 그렸던 '까마귀가 있는 보리밭'의 현장인 보리밭을 지나 마을의 공동묘지로 따라 올라갔을 그의 마지막 발걸음을 쫓아 나도 그렇게 묘지에 이르렀다. 왼쪽엔 고흐가, 오른쪽엔 테오가 팔을 뻗으면 손이 맞닿을 자리에 이들은 나란히 누워 있었다. 내 귀엔 나직한 고흐의 음성이 들려왔다.

"테오야. 나를 먹여 살리느라 너는 늘 가난하게 지냈겠지. 돈을 꼭 갚겠다. 안 되면 영혼을 주겠다."

이승에서 갚지 못하면 영혼을 주겠다던 형과 나란히 누운 두 사람의 묘비 가운데 서니 자꾸만 콧마루가 시큰해왔다.

형이 떠난 지 반 년 만에 이곳에 따라와 묻힌 테오!

헤어질 날이 언제일지 모르나 우리 두 사람도 이들 형제와 같다면 좋겠다는 생각을 해 본다. 고흐를 보고 돌아오는 길에 지베르니에 있는 모네의 집까지 들렀다. 수련이 한창 아름다운 정원과 그림들을 감상하였다. 너무나 다른 두 사람의 환경, 상대적으로 고흐의 절망감이 더 아프게 느껴졌다. 그리고 '금욕적'이라던 고흐의 금욕을 다시 한 번 생각해 보게 되던 것이다. 어느 날 그는 동생에게 편지로 이런 고초를 털어놓았다.

테오야. 모파상의 소설에 등장하는 토끼 사냥꾼을 기억하니? 10년 동안 사냥감을 쫓아 열심히 뛰어다녀서 녹초가 되었는지, 결혼할 생각을 했을 때는 더 이상 그게 서지 않던 사람을. 그 때문에 그는 아주 초조해지고 슬퍼했다. 결혼을 해야 하는 것도 아니고, 하고 싶지도 않지만, 육체적으로 나는 그와 비슷해지고 있다. 뛰어난 선생 지엠에 따르면 남자는 더 이상 발기할 수 없는 순간부터 야망을 품게 된다고 하더라. 그런데 발기하느냐 마느냐가 더 이상 문제가 안 된다면 나는 야심을 품을 수밖에 없지.

그의 나이를 헤아려 보니 겨우 서른다섯 살이었다. 이것은 죽기 이태 전의 편지였다. 성에 대한 욕망과 발기 능력은 사람에 따라 다르다고는 하지만, 서른다섯 살의 좌절은 너무나도 가혹한 것이 아닌가.

오베르를 다녀온 날 밤, 나는 쉬이 잠에 들지 못했다. '야심'이란 살아 있다는 또 다른 이름의 생명력의 실천이 아니겠는가. 갑자기 나는 이 말이 떠올랐고 생명이라는 낱말 앞에는 속절없이 목이 메이는 것이었다. 창문에 어른거리는 불빛 아래 곤히 잠들어 있는 남편의 모습이 왠지 오늘 따라 낯설어 보인다. 깊게 패인 눈가의 음영, 어느새 시들어 버린 생의 열정. 언제 이런 나이에 이르렀는가.

며칠 전의 일이다. 기념관이 된 '들라크루아의 집'에서 미술 작품을 감상하고 생 제르맹 대로로 나와 카페 '프롤르'를 지나는데 책 가게의 '화집 세일'이 눈에 띄었다. 그에게 책 한 권을 골라 선물했다. 에로틱한 나체화로 꾸며진 《에로이카 유니버설》이었다. 책장을 들추니 쿠르베의 '나부'를 비롯하여 고갱과 피카소가 그린 성희性戱, 살바도르 달리·엥그르·로트렉·드가·도미에·밀레·로댕까지도 성을 주제로 한 그림이 거기에 집합되어 있었다. 힌두 사원의 벽화와 에로틱한 캐리커처의 자극도 그에게는 이제 무용지물이 되었단 말인가.

사람을 난처하게 만들던 돌발적인 기습 따위는, 그런 장난스런 막무가내는 그러고 보니 언제부턴가 아득한 일이 되어 버렸다.

나는 그동안 남편이 그림을 그려 온 사실을 까맣게 모르고 있었다. 학교에서 퇴직하던 날, 가져온 짐 속에 들어 있던 그림을 보고서야 놀라지 않을 수 없었다. 장차 남은 시간을 죽이기 위해 연습 삼아 혼자 그려 보았노라는 수줍은 그의 변이 이어졌지만 그것은 끝내 현실로 다가왔다. 어쩔 수 없이 이제부터는 시간을 죽여야 하는 일이 시작된 것이다.

과연 우리가 살아서 할 수 있는 일은 무엇인가를 가끔 생각하게 된다.

시간의 효용성을 운위하며 거기에 알맞은 의미를 부여하지만 실은 모두가 덧없는 구실만 같다. 그럼에도 우리는 살아 있지 않은가.

아침마다 눈을 뜨면 맞게 되는 하루, 축복의 보너스 같기도 하지만 때로는 솔직히 말하자면 그 하루 해가 조금씩 겨워지기 시작한다. 장거리 여행도 이제는 조심스럽다. 다행히 그 무렵 파리에 있을 때는 고취된 의욕에 건강이 따라주었다. 고통으로 점철된 그들의 삶은 우리에게 삶의 광휘를 보태 주었다. 그 모두가 고통의 늪지에서 피워 낸 꽃들이었다. 나는 그 고통을 생각하며 오르세 미술관에서 고흐의 그림 앞에 오래 서 있었다. 숨찬 붓 놀림, 그의 그림을 보노라면 불꽃같이 휘돌아 치솟는 형상에서 어떤 억압된 분노가 분출되는 듯한 강렬한 인상을 전해 받곤 했다. 그것은 더 이상 남자로서의 욕망이 멈추어 선 자의 변형된 또 다른 성의 에너지가 아니었을까. 그렇다면? 남편의 그림 그리기도 그와 같은 맥락에서였을까에 생각이 이르자,

갑자기 뜨거운 무엇이 목안에서 치솟는다. 지척에 있으면서 나는 그에 대해 과연 무엇을 안단 말인가?

타자他者, 이체이심異體二心의 타인.

개체個 란 어차피 독립적일 수밖에 없는 것인가?

순간 존재의 고립감이 뼈끝에 와 닿는다.

창 밖에 에트랑제로 서 있는 저 라데팡스의 축축한 수은등 불빛 아래. 나는 밤 내 그것과 마주하고 있었다.

4부

탱고 그 관능의 쓸쓸함에 대하여

투우

불꽃춤

존재의 방식

수, 이미지의 변주

인생

탱고, 그 관능의 쓸쓸함에 대하여

 봄이 이울자 성급한 덩굴장미가 여름을 깨운다.
 아파트 현관문을 나서다가 담장 밑에 곱게 피어난 장미 꽃송이와 눈이 마주쳤다. 투명한 이슬방울, 가슴이 뛴다. 그리고는 알 수 없는 통증이 한 줄기 바람처럼 지나가는 것이다. 6월의 훈향이 슬며시 다가와 관능을 깨운다. 닫혔던 내부로부터의 어떤 확산감을 느끼게 되곤 하던 것도 그러고 보면 매양 그 무렵이었다.
 약속한 대로 나는 '예술의전당' 앞에서 남편을 기다렸다. 아르헨티나에서 온 뮤지컬 〈포에버 탱고〉를 관람하기 위해서다. 내가 탱고를 보자고 제안했을 때, 그는 순순히 동의해 주었다. 순순히라는 말 속에는 그렇지 않을 수도 있다는 뜻이 담겨 있는데 그것은 우리가 흔히 탱고를 관능과 외설, 즉 단정치 못한 어떤 것과 연관지어 생각하기 때문이다.

관능과 외설에 대한 사람들의 반응도 가지각색이다. 팔뚝에 붙은 거머리 떼어내듯 말은 모질게 하면서 속으로는 내심 그 진한 유혹의 잔에 취하게 되기를 원하며, 궤도 이탈을 꿈꾸기도 하고 심지어는 파괴적 본능까지도 일으키는 이들이 있었다. 이렇게 논리로 설명될 수 없는 일이 일어나며 때에 따라서는 그것이 미화되고 대상에 따라서는 인간적이라는 지지까지도 얻어내고 있는 것이다.

《악의 꽃》을 쓴 프랑스의 시인 보들레르의 수간獸姦에 얽힌 이야기나 알듈 랭보와 베를렌느의 동성애 사건, 19세기를 떠들썩하게 했던 사르트르와 보부아르 여사와의 계약 결혼. 이들의 자유 선언에도 불구하고 성性에서 끝내 초월적이지 못했던 보부아르 여사를 떠올리면 성은 한 마디로 무엇이라고 단정하기도 어렵다. 그러면서도 꼭 알고 싶은 것이 성의 정체이다.

성의 철학적 성찰을 시도한 조르주 바타유는 "우리 인간을 그런 열정적 충돌과 무관한 존재로 상상한다면 우리 인간을 제대로 파악하지 못한 것"이라고 힘주어 말했다. 우리는 열정적 충돌과 결코 무관할 수 없는 존재, 사실 그것으로 해서 우리의 성이 동물적 성행위와 구별되는 것이 아닌가 싶기도 하다.

감각 기관을 통해 일어나는 우리의 욕망과 열정적 감정들이 빚어내는 갈망, 그리고 심리적 추구가 일으켜 내는 프리즘의 굴절 작용 같은 에로티시즘에서 동물의 것과 다르게 구분되는 인간의 성性을 찾아볼 수 있지 않을까 싶다.

성性, 나는 그 자체보다 성에 대한 심리적 반응에 더 관심이 모아진다.

감각의 비늘을 일으켜 세우는 우리 몸의 관능이 어떻게 하여 일어나며 어떻게 스러지는가? 생명의 에너지를 성의 에너지로 환치한다고 해도 다를 바 없다는 그 에너지의 본체는 무엇인가 하는 물음이 한때는 내게 화두였다. 백골白骨을 떠올리며 거기서 애욕愛欲의 공무空無함을 상상해 보기도 하였다. 그러나 목숨이 있는 한, 성性은 우리를 자유롭게 하지 않는다는 사실을 알게 되었다.

며칠 전 조간신문에서 '관능적 몸짓, 유혹의 노출'이라는 큰 제목 아래 소개된 〈포에버 탱고〉 댄서들의 사진을 보게 되었다. 열정과 관능의 댄스라고 세계의 언론도 극찬한 바 있었지만 무엇보다도 나는 솔직하고 아름다운 섹슈얼리티의 무대라고 한 그 선전 문구가 마음에 들었던 것이다. 사실상 섹슈얼리티에서 한 발자국쯤 멀어진 나이가 되어서인지 섹슈얼리티의 무대가 궁금해졌다. 기다리고 있던 무대에 조명이 들어왔다.

아르헨티나의 고유 악기인 벤드오네온(아코디온의 변형 악기)이 상징물처럼 무대 중앙에 설정되어 있고, 부에노스아이레스의 밤 하늘에 슬픔의 고함처럼 울리던 그 벤드오네온의 선율이 오케스트라와 함께 울려 퍼지면서 댄서들의 춤이 시작된다.

말끔하게 턱시도를 차려입은 남성 댄서는 올백으로 붙여 빗은 머리에 거울처럼 반짝거리는 검정 구두를 신었다. 그런가 하면 여성 댄서들은 터질 듯한 앞가슴의 풍만함을 엿보이도록 깊게 패인 드레스를 입고 될수록 몸의 곡선을 강조한 타이트한 실루엣, 높고 뾰족한 하이힐. 거기다 내면의 외로움을 무시하듯 함부로 치장된 금속성의 액세서리와 머리에 꽂은 가벼운 깃털과 구슬 핀의 섬세한 장식. 대각선으로 어깨를 맞대고 있는 남녀 댄서의 얼굴은 정지 신호에 걸린 듯 잠시 무표정하다. 투우사가 소를 겨냥할 때의 그것처럼 긴장감마저 든다. 그러나 빠르고 경쾌한 탱고 리듬의 스텝이 몇번 어우러지더니 급한 회전을 이루며 이내 타오르는 장작불처럼 격렬함에 이르고 만다.

여성 댄서의 손이 남성 댄서의 목을 부드럽게 감싸안는다. 입술이 닿을 듯 밀착된 가슴, 상대방을 갈구하는 듯한 눈빛, 마침내 남자의 손이 여자의 몸을 훑어내리기 시작한다. 정교하면서도 감성적인 터치, 허벅지까지 깊게 터진 스커트 속으로 공격적인 다리의 움직임이 자유롭다.

탱고는 원래 '만진다'는 뜻의 라틴어 '탕게레'에서 비롯되었다. 그래서 이 춤은 파트너 간의 밀착, 혹은 좀체로 끊어지지 않는 터치에 그 중점을 둔다고 말한다.

새로운 삶을 찾아 부에노스아이레스까지 흘러들어온 이민자들.

아프리카나 유럽 등지에서 떠나온 그들은 자신의 정체성과 스스로의 애환을 달래기 위해 밤이면 핸슨 클럽에 모여들었다. 거기에서 그들만의 고유한 춤이 시작된다. 국가는 춤을 법으로 금지하기에 이른다.

탱고는 관능을 고조시키는 북의 단순 반복음 즉 원시성이 깃든 북의 반복음으로 시작된 룸바나 삼바의 기원에 그 뿌리를 둔다. 브라질계 아프리카 흑인 노예들이 아르헨티나에 전한, 그러니까 칸돔베스라는 춤이 탱고의 모체가 되는 것이다.

몸만큼 정직한 것이 있을까? 감정이 추운 것을 그들은 몸으로 부볐다.

아라베스크의 문양만큼이나 이국적이고도 음울한 도시.

부에노스아이레스의 좁다랗고 긴 골목의 회랑을 따라 걸어 들어가면 불 켜진 '탱고 바' 앞에서 소리쳐 손님을 부르는 한 젊은 호객꾼과 마주치게 된다. 중국 영화 〈해피투게더〉에서의 야휘(양조위 역)이다. 동성애자인 그는 보영(장국영 역)과 이과수폭포를 보러 아르헨티나에 여행왔다가 돈이 떨어져 이곳에 억류되고 만다. 이민자와 다름없는 생활이 시작된다. 첫번째 고통은 허기와 외로움, 그리고 분노와 섹스. 그들은 어디서부터 잘못된 것일까? 영화가 끝날 즈음에 한 사람은 고국으로 귀향하는데 한 사람은 그냥 주저앉고 만다. 손을 쓸 수 없는 질병처럼 되어 버린 자신의 삶을 끌어안고 절규하는 대목에서도 긴 가락의 흐느낌, 벤드오네온의 탱고 선율이 화면을 가득 채운다.

탱고는 남녀가 추는 춤이다. 유랑민의 허름한 방 안 구석, 두 마리 짐승처럼 사내 둘이 부둥켜안고 추는 춤은 탱고가 아니라 차라리 슬픔이었다. 그들은 영화의 제목처럼 행복하지 못했다. 나는 몸으로 풀어내는 그들의 언어를 읽어 내려가며 목 안이 아려옴을 어쩌지 못했다. 부에노스아이레스의 낯선 항구, 적막한 그 마지막에 기대 선 것 같은 인생들로 해서.

"욕망과 외로움을 표현하는 데 이보다 더 우아하고 솔직한 작품이 있을까?" 《뉴스위크》는 〈포에버 탱고〉를 이렇게 평했다.

욕망과 외로움을 달래기 위한 스스로의 발열發熱, 고양高揚된 감정에 도달하려고 애쓰는, 그럼으로 해서 더욱 외로워지고 마는 탱고는 결국 외로운 몸짓의 형상화라는 생각조차 들었다. 화려한 복장과 경쾌한 음악, 에로틱한 율동에도 불구하고 나는 왜 탱고를 관능의 허무와 동렬同列에 두고 바라보게 되는 것인지 알 수 없었다. 무대 뒤에서 화장을 지우는 배우의 심정처럼 처연해지던 것이다. 가면을 내려놓은 뒤 거울 속 자신의 얼굴과 마주한 느낌이라고나 할까. 사물의 뒷모습은 때로 앞모습보다 훨씬 본질적일 때가 있다.

그리하여 열망과 갈채, 그것이 사라진 텅 빈 객석이거나 아니면 소모해 버린 뒤의 육체적 욕망의 쓸쓸함 같은 것. 이렇게 서로 다른 두 개의 얼굴을 나는 탱고에서 보게 되는 것이다. 관능의 열락悅樂과 축제 속에서 다른 한편으로는 울고 있는 자신을. 그래서 탱고는 둘이 추면서 혼자인 춤. 무표정한 얼굴의 속마음, 그 더듬이가 촉수觸手로 짚어 내려가는 내성적內省的인 요소가 탱고의 본령이 아닐까 싶기도 하다. 그리고 그믐달보다도 더 매운 계집의 눈썹 같은 스타카토, 그 스타카토의 분명한 선線을 기점으로 하여 안으로 파고드는 수렴收斂의 감정, 보다 철저하게 혼자가 되는 내성적內省的인 춤으로서의 탱고를 나는 좋아하게 되는 것이다.

지금 무대에서는 성장盛裝을 한 노년의 커플 댄서가 탱고를 보여 주고 있다. 경륜만큼이나 원숙하고 호흡이 잘 맞는 춤이다. 맞잡은 손을 풀어놓고 잠시 멀어지는가 했더니 다시 공격적으로 다가와서는 폭력적인 정사情事라도 벌일 것만 같다. 그러나 마음을 주지 않고 돌아서는 여인처럼 여성 댄서는 곧 분리된다.

오케스트라의 리듬에 맞춰 그들은 썰물과 밀물처럼 끌어당김과 떨어짐의 동작을 되풀이하고 있다. 끝없이 이어지는 긴장과 이완. 철썩거리며 해안가에 밀물처럼 굽이쳐 들어왔다가는 휘돌아 나가고, 나가고 나면 다시 그 자리. 어찌할 수 없는 본원적인 자리일 터이다.

그럼에도 다시 거듭되는 단순 반복의 해조음海潮音, 관능과 외로움의 합주合奏. 제 몸에서 일어나는 조수潮水의 파고波高와도 같은 탱고 리듬, 그 슬픈 단조單調의 내재율內在律을 듣게 하는 것이다.

 실체는 찾을 수 없으나 제 몸에 깃든 녹[鐵]처럼 다시 피어나는 관능의 노도怒濤와 해일海溢.

 그것은 결국 우리로 하여금 맞닿을 수 없는 어느 허무의 벽을 짚게 하고야 말리라. 한 발자국 다가서면 또 한 발자국 비켜나는 자신의 그림자처럼, 어쩌면 몸이 도달하고 싶어하는 지점도 끝내는 허구虛構가 아닐까 하는 생각이 들었다. 양파 껍질처럼 한 겹 한 겹 다 벗겨지고 나면 끝내는 망실亡失, 바로 그 발 밑은 죽음의 계곡이 아닐까?

 가서 맞닿지 못하는 허무虛無. 그리하여 나는 현란한 불빛, 탱고 음악의 물결 바다, 섹슈얼리티의 무대라고 한 거기 노련한 동작에도 불구하고 진정한 에로티시즘을 만날 수 없었다. 다만 서러운 포말泡沫과 다시 일으켜 세워지지 않는 관능, 노댄서의 이마에 돋은 힘줄을 보았던 것이다.

 그것이 나를 스산하게 하였다. 탱고, 그 관능의 쓸쓸함이 나를 쓸쓸하게 하였다. 한 차례 탱고의 물결이 어렵게 지나갔다. 옆을 돌아보니 남편의 얼굴도 묵묵하다. 웬만한 일에는 좀체 고양되지 않는 우리들의 요즈음처럼.

 객석에 불이 들어오고 나서도 우리는 한참만에 그 자리를 떴다.

 밤 공기는 가을 하늘처럼 삽상하다. 돌층계를 막 내려서는데 불쑥 릴케의 시구詩句가 발등에 와 닿는다.

오! 장미여.
순수純粹하나마
서러운 모순矛盾의 꽃.
(중략)
이제는
누구의 것도 아닌 외로움을
고이 간직하고 있는
아름다움이여.

나는 낮게 부르짖었다.
"누구의 것도 아닌 외로움을 고이 간직하고 있는 아름다움이여!"
만약 릴케 선생의 허락이 있다면 이 시구를 탱고에게 헌시獻詩하고 싶었다. 그러나 어쩌면 그것은 내 자신에게 보내고 싶은 말이었는지도 모를 일이었다.

투 우

어느 여름날 오후였다.

찬물로 몸을 씻고 나와 리모콘으로 TV의 아무데나를 누른다. 권투가 나왔다. 두 남자가 육탄적인 싸움을 벌인다. 때리고 맞는 행위, 무더위의 권태를 한방으로 날려 버리기엔 괜찮은 방법인 것도 같다.

마침 라디오에서 음악의 곡명이 바뀐다. 경쾌한 행진곡 풍의 〈투우사의 노래〉다.

'토레아돌(Toreador)'로 이어지는 활력이 넘치는 노래, 권투의 동작도 이 노래에 맞추고 보니 춤이 되는 것 같다. 노래를 흥얼거리며 나는 하릴없이 그들 중의 한 사람을 소로 대치시켜 본다.

입에 물린 마우스피스, 윤기 흐르는 검은 피부, 단단한 근육

질의 황소 한 마리가 거기 서 있다. 그러나 아무래도 투우는 되지 못한다. 짧은 발빠름, 싸움이 조급한 권투에 비하면 투우는 그 격이 다르다. 상대와 대칭으로 균제均齊를 이루면서 그놈을 천천히 무대 중앙으로 끌고 나와 선회하면서도 눈으로는 죽음을 가름해야 하는 일촉즉발의 긴장과 그러면서도 침착한 스텝으로 이어지는 우아한 동작, 거기에다 화려하기 이를 데 없는 복장이라니. 주역主役 투우사인 마타도르의 복장은 조역인 반데릴레로나 피카도르보다 훨씬 화려하다.

짧은 상의와 조끼, 무릎까지 오는 몸에 꼭 끼는 바지는 금과 은의 장식, 그리고 비단으로 치장되어 있다. 그 위에 레이스로 만든 셔츠웨이스트를 입고 산호색 스타킹을 신는다.

언젠가 영화에서 본 미남 배우 타이론 파워의 투우사 분장은 아름다움의 극치였다. 햇볕에 반사된 그의 옷은 황금색 비늘로 번쩍였다. 성장盛裝은 마치 죽음을 위한 제의祭儀 같다. 아무튼 투우의 목적은 소를 죽이는 데에 있다. 그러나 소만 죽는 게 아니다. 호셀리토처럼 세계적으로 손꼽히던 투우사도 결국엔 투우장에서 죽고 말았다.

해마다 경기장에서는 많은 투우사가 투우 대신 죽어 나가기도 한다. 생명이 전제되었기에 관중들의 환호는 더 큰 것인지 모른다. 자극과 환호, 그것은 비례한다. 그러고 보면 우리 내부에는 파괴적인 욕구가 똬리를 틀고 있는 것 같다. 거기에 죽음에 대한 욕구도 붙어 있다. 들것에 실려 나가는 투우사나 KO

된 권투 선수의 뭉개진 얼굴을 보며 여러 가지 감정을 경험하게 되는 것은 나만은 아닐 것이다.

환호와 공포, 전율과 절망을 맛보기 위해 우리는 비싼 요금을 치르고 관람석에 앉아 있지 않은가.

스페인 특유의 강렬한 햇볕이 내리덮는 원형 경기장. 그 아래 펼쳐지는 한판 죽음의 무도舞蹈. 헤밍웨이가 투우에 매료된 것도 바로 이 '격렬한 죽음'의 이미지 때문이라고 한다. 극도의 쾌락은 파괴의 형식을 수반하는 것 같다.

죽음에 대한 파괴 또한 사람들은 아주 천천히 진행되기를 희망한다. 그래서 유능한 투우사의 신기神技란 소를 빨리 죽이는 데에 있지 않고, 위험할지라도 보다 뿔 가까이 접근하여 붉은 망토를 휘두르며 약 올린 소를 얼마나 오래 지속적으로 그리고 우아하게 피하는가에 달려 있다고 말한다. 죽고 죽이는 긴박한 절체절명의 상황에서 태연함을 가장한 마타도르의 여유와 서로의 몸이 부딪치는 그 아슬아슬한 모습에 관중들은 더 환호하는 것이리라.

우리에게 이런 재미를 더하기 위해 특별히 사육된 사나운 소가 장내에 등장하면 보조 투우사인 피카도르가 먼저 말을 타고 달려나가 창으로 황소의 목덜미를 찌른다. 인간과 동물 간의 위험한 싸움이기 때문에 황소의 체력과 속도감을 떨어뜨리고 목을 내려뜨리게 하기 위함이라고 한다.

그 다음은 반데릴레로가 화려하게 색칠을 한 긴 작살을 세

개씩 들고 나와 목이나 어깨에다 그것을 차례대로 꽂는다. 이윽고 장내 가득히 트럼펫이 울려 퍼지면 그때서야 주역인 마타도르가 등장하여 죽음의 한 판 무도를 펼치면서 황소의 목덜미에 단도를 찌르게 된다. 검은 황소의 등에서는 붉은 선혈이 흘러내린다. 동물의 심장이 심하게 뛰면 등에 꽂힌 칼도 따라서 부르르 하고 전율한다. 전율에서 오는 환희, 어쩌면 그것은 엑스타시일지도 모른다.

신화神話에서 황소는 남성의 심벌이었다. 어느 날 크레타 섬의 왕 미노스의 아내 파시파에는 황소에게 심한 욕정을 느낀다. 아테네에서 온 장인匠人 다이달로스가 파시파에에게 나무로 된 황소 한 마리를 만들어 주었다. 속이 비어 있는 황소의 몸 속으로 들어간 파시파에는 마침내 그 황소와 정을 통할 수 있었다.

여자들의 내면에는 이런 파시파에의 성향이 잠재해 있다고 어느 철학자는 일갈했다. 구릿빛 살결에다 갸름하게 찢어진 카르멘의 정욕적인 눈에서 나는 파시파에의 암소 한 마리를 발견한다. 그녀에 의해 힘없이 무너지고 마는 돈 호세는 한 마리의 수소였다. 그는 메리메의 소설《카르멘》속에서 이렇게 외친다.

"나의 일생을 망친 건 너야. 내가 도둑이 되고, 사람을 죽이고 한 것은 너 때문이야. 카르멘! 나의 카르멘! 내가 너를 구하게 해 다오."

그러나 끝내 투우사 루카스에게로 마음을 옮긴 카르멘. 화가 몹시 난 돈 호세는 단도를 뽑아든다.

"…나는 이제 네 정부 녀석들을 죽이는 일도 지긋지긋해. 이번에는 너를 죽일 차례다."

두 번을 찔렀다. 보헤미아의 집시, 야성적인 그 여자는 두번째 칼을 맞자 소리도 없이 쓰러졌다. 돈 호세의 단도를 맞고 그 자리에 쓰러진 건 한 마리의 암소, 파시파에였다. 파괴적인 욕망은 사랑의 또 다른 얼굴이었다. 관능과 죽음은 참으로 등배 사이다. 귀가 멍멍해 오는 백색의 여름날 오후의 권태를 죽이기에는 투우가 적합할는지도 모르겠다는 생각이 든 건 바로 그때였다. 죽음보다 확실한 생의 체감體感이 어디 있겠는가. 그런데 왜 내 안에서는 파시파에적 욕구조차 일어나지 않는 것일까?

적막한 이 몸의 평정平靜은 무엇이란 말인가.

거품이 잘 일지 않는 비누같이 되어 버린 내 몸 안의 어느 부분을 더러 들여다보는 날도 있다.

창 밖엔 느릿느릿 땅거미가 지고 있다. 세월이라고 하는 이름의 닫힌 그 문門 안에 나는 이렇게 기대어 서 있는 것이다.

불꽃춤

포도줏빛 물결이 넘실대는 지중해의 어느 해안도로를 달리고 있었다. 차는 멈춰 섰고 나는 초행길이 아닌 듯 좁은 골목 안으로 굽어들었다. 3미터가 넘는 돌계단을 올랐다.

눈부신 정오의 태양은 바로 머리 위로 쏟아졌고 눈앞에 펼쳐지는 아랍풍의 하얀 건축물들. 대체 여기가 어디쯤일까? 사방을 둘러본다. 꿈에서라도 와 보고 싶어 하던 안달루시아 지방 그 어디쯤인 것 같다.

태엽이 감긴 로봇처럼 나는 의지와 상관없이 허름한 흙벽의 좁은 골목 안으로 들어가고 있었다. 전생에 살던 곳을 찾아가고 있다는 느낌조차 들었다.

짚단이 듬성듬성한 흙벽에선 비릿한 흙냄새가 났고 어디선가 가느다란 피리 소리가 기묘한 울림으로 다가왔다. 소리나는 곳을 찾아가니 한무리의 사람들이 에둘러 서 있다. 흰 터번을 쓴 노인 앞에 2미터가 족히 넘는 방울뱀이 황록색의 몸을 반쯤이나 곧추세우고 있었다.

놈은 두 갈래로 찢어진 붉은 혓바닥을 버릇처럼 날름거리며 미약에 취한 듯 피리 소리에 몸을 맡겨 흔들흔들 춤을 추는 것이 아닌가. 한 점 바람도 없는데 스무 개가 넘는 비늘이 동시에 일어나 햇빛에 반짝거린다. 찬란했다. 언젠가 보았던 신라 왕관에 매달린 영락처럼 아름답다.

차르륵, 쏴르륵.

무희들이 가는허리를 꺾을 적마다 허리에 매단 구슬 장식이 일제히 떨면서 울리는 소리 같다. 차르륵, 방울뱀도 그런 무희의 동작처럼 제 몸의 둥근 꼬리를 흔들어 대기 시작했다.

'따라락 따라락.'

군중들은 한두 사람씩 손뼉을 치기 시작했다. 손뼉은 점점 커졌고 한데 어울린 흥이 무르익자 방울뱀은 '따라락 따라락' 꼬리에서 캐스터네츠를 울리며 춤을 추는 동안 집시 소녀로 변하는 것이다.

낯이 익었다. 자세히 보니 지난여름 모스크바에 갔을 때 아르바트 거리에서 본 아이와 비슷했다. 푸슈킨이 살던 신혼집을 둘러보고 나왔을 때였다. 빨간 점퍼 차림의 여자 아이가 길거리 한복판에서 아코디언을 켜며 노래를 부르고 있었다. 앞으로 가 보니 초등학교 이삼학년이나 되었을까?

부슬비를 맞으며 천연덕스럽게 노래하는 표정이 통 아이답지 않았다. 제 품보다 배나 큰 아코디언을 켜면서 유창하게 불러 제끼는 곡조는 아이들의 노래가 아니었다. 앞에 놓인 깡통에 돈을 집어넣고 비를 맞고 서서 몇 곡 더 들었다. 그런데 그 아이의 얼굴이 이따금씩 떠오르는 것이다.

파란 눈, 창백한 얼굴, 입가에 번진 루즈와 하늘색 아이섀도라니, 그리고 감정에 푹 빠진 채 실눈을 뜬 표정은 이미 어린애의 것이 아니었다. 감시원인 듯한 청년 두 사람이 팔짱을 낀 채 뒤에서 그 애를 연신 지키고 있었다. 기차를 타고 모스크바에서 페테르부르크를 돌아나올 때까지 나는 그 아이의 안부가 염려되었다.

언젠가 보았던 영화 〈집시의 시간〉 때문이었을까.

앵벌이로 나선 아이들에게 가해진 무차별 구타 장면이 왜 그 아이에게 겹쳐지는지 모르겠다. 불길했다. 일찍부터 온몸으로 세상과 부딪치며 살아가는 아이들의 고초가 가슴 한켠을 시리게 했던 것이다.

차디찬 밤공기를 가르며 유랑민의 막사에서 울려 퍼지던 아코디언 소리와 기묘한 피리의 선율. 그것은 내일이 불투명한 사람들의 절망의 고함 같기도 하고 때론 외마디 비명 같기도 했다.

구걸과 도둑질, 살인과 마약. 함부로 살아가는 그들의 몸짓과 파멸이 안타깝지만 조금은 이해될 듯도 싶었다.

아르바트 거리의 그 여자 아이는 내 눈앞에서 난데없이 어른 무용수로 변했다. 에스메랄다처럼 그녀는 고혹적으로 춤을 추기 시작했다. 프릴이 잔뜩 달린 빨간 원피스가 격정적으로 턴할 때는 마치 휘감아 오르는 하나의 불기둥처럼 보였다. 타오르고 있는 불꽃 그 자체였다. 짧은 생명의 불꽃, 그 찰나적인 연소를 보는 듯했다.

신들린 무녀처럼 무엇엔가 함몰된 듯한 그녀의 표정. 미간을 찡그린 채 온몸으로 비늘을 털어내듯 한 광기어린 그 춤은 더 이상 기쁨의 표현이 아니었다. 어떤 악마성을 흔들어 깨우는 주술적인 행위 같기도 하고 또 어찌 보면 망자를 위한 무녀巫女의 진혼제 같기도 했다.

'따라락 따라락.'

규칙적인 반복음에 나는 설핏 잠이 깨었다.

지축을 울리는 플라멩코 무희들의 강한 발박자 소리가 귀에 여운으로 남는다. 보다가 덮어 둔 에곤 쉴레(Egon Schiele)의 화집 때문이었을까.

오스트리아의 화가인 에곤 쉴레는 이상하게도 병든 여자아이를 즐겨 그렸다. 병든 여자 아이가 아르바트의 소녀를 불러들였나 보다. 가정이나 사회로부터 버림받고 질병으로 시들어 가는 상한 육체, 그런 영혼에 대해 쉴레의 관심은 남달랐다. 화집 속에서 앙상한 손가락으로 음부를 가리고 표정없이 〈누워 있는 소녀〉나 비쩍 마른 〈앉아 있는 어린 소녀〉의 모습은 영락없이 아르바트 거리에서 본 그 여자 아이의 모습과 닮아 있었다.

그 아이의 운명은 장차 어떻게 될 것인가? 생각만으로도 불안해진다. 알코올 중독으로 천천히 망가져 가거나 질병이나 구타로 인해 황폐해진 인생을 살게 되는 것은 아닌지?

다시 화집을 펼쳐들었다. 에곤 쉴레가 그린 소녀들을 찬찬히 들여다본다. 병든 소녀들은 집시들처럼 안주할 곳을 찾지 못한 채, 텅 빈 허공 속에서 부유浮遊하고 있다. 인생에 대한 별다른 저항도 없이 그저 멍한 눈으로 허공에 떠 있는 듯하다.

숱한 비바람을 견뎌 낸 강원도 어느 덕장의 황태처럼 뒤틀린, 그 애들의 사지에는 앙상한 뼈만 남아 있다. 눈으로 나목에 잎을 달듯 나는 염력을 담아 그 아이의 몸에 살을 찌우고 옷을 입혀 본다. 꿈 속에서 본 대로 몸에 꼭 맞는 빨간 원피스도 입히고 아이가 좋아할 굽 높은 구두도 신겨 주고 흑단 같은 머리채엔 붉은 꽃도 달아 줘본다. 그랬더니 아이는 플라멩코 무희처럼 환하게 웃으면서 내 앞으로 턱턱 걸어나오는 것이 아닌가. 그러자 나를 위한 춤인 듯 그 애는 천천히 스텝을 밟기 시작했다.

갑자기 무엇엔가 화가 난 듯 별안간 '탕' 하고 발로 땅을 찬다. 강한 발박자 소리에 깜짝 놀랐다. 거기엔 이상한 힘이 실려 있었다. 순간 소름이 돋았다. 급한 리듬을 타고 춤사위가 격정으로 치달을 때는 그 아이가 카르멘인 것도 같고, 버들가지처럼 허리가 휘어질 때에는 관능의 야차와도 같은 유대 공주 살로메를 보는 것 같기도 했다. 선지자 요한을 한눈에 사랑하고만 살로메 공주. 왜 이 장면에서 그녀가 떠오르는지 모르겠다. 그녀는 작심하고 의부 에로드 왕에게 아름다운 춤을 선사한 대신, 요한의 머리를 요구했다.

은방패 위에 담긴 요한의 머리에 입을 맞추며 이렇게 외치던 살로메 공주.

"…넌 죽어서 너의 머리가 내 것이 되었구나.
너의 입술 위엔 매운 맛이 있었구나. 그건 피맛이었다.
아! 그러나 아마 그건 사랑의 맛일 거야."

결국 비수와도 같이 차가운 달빛 아래 처형되고 마는 요염한 살로메의 환영이 떠올라 나는 얼른 책장을 덮고 말았다. 마치 내 손으로 그 아이의 안위를 지켜내려는 듯.

피맛, 아! 사랑의 맛. 죽음을 무릅쓴 집시 여자들의 불꽃 같은 사랑, 그리고 서슴없는 산화散華.

나는 거기까지 생각을 접고 싶었다. 그런데 요란한 프릴의 빨간 원피스를 입은 무희는 한 마리의 소를 몰 듯 이번에는 격정적인 플라멩코 리듬에 맞추어 파소 도블레로 춤을 바꾼다. 순간 내 눈앞에 흩뿌려지는 선혈 같은 꽃잎들.

붉은 꽃잎은 마스게임을 할 때처럼 하나씩 일어나 여자 아이가 되었다. 그리하여 일제히 꽃처럼 피어난 여자 아이들은 손에 손을 잡고 즐겁게 원무圓舞를 추기 시작했다. 이 작은 정령들은 어느새 내 앞에서 하나의 시뻘건 불기둥으로 타오르는 것이다. 그 화염 속으로 내 온몸이 빨려 들어가는 듯한 아찔함.

'따라락 따라락!'

내 몸 안에서도 이상하게 강한 발박자 소리가 울려나왔다. 그만 눈을 감았다. 그리고 미약에 취한 듯 몽롱한 기운으로 피리 소리에 맞추어 춤을 추던 그 황록색의 방울뱀처럼 흔들거리며 내 의식은 불꽃 속으로 나아가는 것이다.

어질어질하면서도 싫지 않은 이 기묘한 기분. 늦은 봄날 오후였다. 갑자기 그때 목 안에서 역한 피비린내가 확 끼쳐 왔다.

존재의 방식

 가을 화단에 나와 있다. 바스라질 듯 허옇게 빛바랜 사르비아에 자꾸만 눈이 머문다. 요즘 내 몸 안에서도 그런 기운이 감지된다. 몸이 마음보다 먼저 허물어져 가는 걸 느끼며 의지대로 되지 않는 몸을 따라 마음도 스산하게 무너져 내리는 요즘이다.

 어느 뜨거운 여름날을 기억한다. 친구와 나는 병원 의자에 앉아 있었다. '사는 날까지 이대로' 하며 그는 결연히 수술 거부 의사를 밝혔다. 따가운 햇볕 속에 이어진 긴 침묵, 그때 빨간 사르비아가 우리들 눈앞에 들어왔다. 마당에 무리를 지어 가득 피어 있었다. 생기에 넘친 작은 정령들의 함성— 와 하며 힘껏 살아라 외치는 것 같았다.

벌써 10년 전의 일이다. 친구와 다니던 길을 지날 때면 문득 그녀의 빈자리가 유명幽明의 다름을 환기시켜 주곤 했다. 그 후 나는 7년을 더 살고 있다.

사랑과 고독, 늙음과 성에 관한 이야기라는 마르케스의 소설 《내 슬픈 창녀들의 추억》을 들춰 읽기도 하고, 꺼져 가는 생명의 불꽃에 주목하며 어떤 날은 연극을 보러 혼자 공연장을 찾기도 한다.

〈버자이너 모놀로그〉. 브로드웨이와 런던에서 큰 호평 속에 전회 매진 공연중이라는 팸플릿 문구가 마음을 끌었다. 버자이너는 영어로 여성의 성기를 지칭하는 낱말이다. 무대에 조명이 들어오자 이 책의 원작자인 이브 엔슬러의 역을 맡은 김지숙 씨가 다짜고짜로 이 두 음절을 큰소리로 몇 번씩이나 되풀이한다.

"우리가 말하지 않으면 그것은 비밀이 됩니다. 내가 그것을 소리 내어 말하기 시작했을 때, 나는 내가 얼마나 분열되어 있는지, 내 몸과 마음이 서로 얼마나 떨어져 있는지를 깨달았기 때문에 나는 그것을 소리 내어 말합니다."

이런 대사들이 또박또박 가슴에 들어왔다. 몸과 마음의 거리가 새삼스럽게 인식되는 순간이었다.

"어린 시절 나는 강간을 당한 이후 결코 단 한번도 진정으로 내 안으로 들어가 보지 못했습니다. 나는 지금까지 내 존재의 동력이며 나의 중심이고 제2의 심장인 그것 없이 살아온 것입니다."

낯선 대사가 나를 흔들며 지나간다. 정체성, 자아의식, 이런 것들로 가슴이 뜨끔거렸다. 진행자는 어느 할머니의 인터뷰를 소개하기 시작했다.

"…아래, 거기? 난 1953년 이래 그 아래를 가본 적이 없어. 그건 그냥 저 아래 있는 창고나 마찬가지지 뭐. 젊은 시절, 앤디가 자동차에서 키스를 해올 때, 난 너무 흥분해서 그 아래가 홍수가 났어. 어찌할 수 없는 열정의 파도처럼 생명의 강물이 내 안에서 범람하고 그 애의 자동차 시트까지 다 적신 거야. 나더러 '역겨운 냄새가 나는 이상한 계집애'라고 말하더군. 내가 차에서 내리고 문이 닫혔을 때, 앤디와의 관계는 물론 내 아래 거기도 폐업한 거지. 이제는 그런 꿈도 안 꿔. 사실은 자궁암에 걸린 걸 알았어. 모조리 들어내야 한다더군. 있어도 소용없잖아? '홍수로 문 닫음'이라는 팻말이나 붙일 수 있지. 그저 집안에 닫혀 있는 그런 곳이야. 저 아래."

이 대목에서 갑자기 목이 메었다. 순간 친구가 떠올랐고 우리가 대화하던 식당 창가의 자리도 생각났다. 조기 퇴직으로 심란해진 남편과 여행에서 돌아오니 친구는 그새 수술을 했고 항암치료를 받는 중이었다. 창가에 은행나무가 황금빛으로 눈부셨다. 친구의 생환生還이 그저 고맙기만 했다.

"나 석녀石女야. 이제 남편이 돌아와도 소용없게 되었어."

친구는 싱겁게 웃어 보였다. 직장암으로 항문이 막혀 수술은 불가피했고 자궁까지 들어냈다는 것이다.

꼿꼿한 자세는 조금 무너졌지만 품위 있게 앉아서 양손을 써 가며 음식을 맛있게 먹고 가출한 지 8년째 된 남편에 관한 이야기를 쏟아내기 시작했다. 사업이 기울자 전공을 살려 유전탐사를 떠났다는데 소식이 끊긴 채였다. 힘든 시기를 우리는 역문관易門關에서 공부하며 지냈다. '비색한 것[否卦] 또한 마침내 기울어지나니 그것이 어찌 오래 가겠느냐'며 주역의 말씀으로 위안을 삼기도 했다.

우주와 운명을 논하며 현실에는 초연한 척, 형이상학인 체했다. 그러나 형이하학적인 우리의 몸은 엄연한 현실이었다. 먹지 않으면 배고프고 달이 만월을 이룩할 때, 여자의 몸 또한 스스로 일어나 만월이 되는 것을. 특히 만월일 때 생체의 바이오 타이드의 파고波高는 최고도로 높아진다고 한다. 나는 이따금씩 달빛과 바다와 여성의 상관관계에 대해 생각하곤 했다. 달의 인력引力과 조수간만潮水干滿의 넘침은 여자의 몸과도 일치한다고 하느니.

노래방 화면에서 파도가 격정을 이루며 출렁거릴 때 친구는 〈무인도〉를 열창했다. 몸짓으로 파도를 따라 해보이던 그녀의 모습이 눈앞에 일렁인다.

"파도여 슬퍼 말아라.

파도여 춤을 추어라…"

특히 "바람아 불어라 드높아라 파도여 파도여!"를 목청껏 외칠 때는 왠지 마음이 편치 못했다. 꼭 어떤 절규를 듣는 것만 같아서.

긴 머리에 갈색 뿔테 안경이 잘 어울리는 그 친구는 그날따라 남편의 원망을 가슴속에서 녹여내고 있었다. '우리를 울렸던 비바람도 이제와 생각하니 사랑이었소' 하는 노래 가사를 떠올리게 했다. 처음 있는 일이었다.

"남편이 돌아오면, 그것을 내 안에 한번 가득 품고 싶었는데…."

친구는 더 말을 잇지 못하고 눈물을 글썽였다. 나는 그저 웃어 보였지만 가슴 한끝이 저려왔다. 속내를 감추지 않은 진실한 그의 한마디가 왠지 고마웠다. 친구는 온전한 몸으로 남편을 맞지 못하게 된 자신을 자책하는 것 같았다. '남편이 돌아오면….' 그러나 끝내 친구의 남편은 돌아오지 않았고 외동아들을 앞세우고 장례를 치러야 했다. 나는 지금도 열망에 찬 그녀의 젖은 눈빛을 기억한다. 얼마나 간절한 기다림인가를.

에로스[性愛] 없이도 존재하는 사랑의 방식을 깨닫는다. 이때 마르케스의 소설이 떠올랐다.

평생을 신문기자와 스페인어 교사를 지낸 자칭 '서글픈 언덕'이라는 이름의 남자 주인공, 그는 사창가에서 데려온 열네 살짜리 소녀와 함께 밤을 보낸 뒤 90세가 되는 생일날 아침을 맞는다. 그는 침대 속에서 살아 있는 몸으로 눈을 뜨자 감격의 눈물을 흘린다. 두 사람 사이에는 간밤에 아무 일도 일어나지 않았다. 소녀는 너무 어리고 잠들어 있었기 때문이라고 한다.

'서글픈 언덕'은 말한다.

"섹스란 사랑을 얻지 못할 때, 가지는 위안에 불과한 것이며 그것은 상호적이어야만 하는 것이 아니라, 사랑하는 사람의 옆에 있으면서 그를 느끼는 것만으로 족하다는 사실을 깨닫는다"고.

예전 같았으면 내가 보란 듯이 친구에게 떠벌렸을 내용이다. 그러면 그녀는 뭐라고 대꾸했을까? 저만치에 빙긋이 웃고 서 있는 그녀의 모습이 떠오른다. '섹스란 사랑을 얻지 못할 때, 가지는 위안에 불과한 것'이 아니라 사랑이야말로 양성兩性의 합치로 완성되는 것 아닌가 하고 영문학도답게 D.H 로렌스를 들먹였을지도 모른다.

그러나 나는 이 '서글픈 언덕'의 말을 여우의 신포도라고 까탈스럽게 우길 생각은 없다. 그것도 어쩔 수 없는 존재의 한 방식일 테니까.

열네 살 소녀 옆에서 그를 느끼는 것만으로 족하다는 90세 노인의 독백이 왠지 나를 스산하게 그리고 침울하게 만든다.

이 작품을 쓴 마르케스와 노경에 접어든 예술가들의 주책맞은 소녀 취향도 다시금 눈물겹게 헤아려지는 것이다. 욕망을 행사할 수는 없어도, 열정은 아직 식지 않았기에, 생명, 그것을 어찌 하랴.

늙는다는 것은 이렇게 마음과 몸의 기능이 일치되지 않음을,

스스로 수렴해야 하는 순간의 쓸쓸함 같은 것인지도 모르겠다. 몸이 마음보다 먼저 허물어져 내리는 것도 슬픈 일이지만 몸만큼 마음이 허물어지지 않는 것 또한 슬픈 일이다.

  화단 둘레에 어둠이 내려앉기 시작한다.
  수척해진 폐원, 나도 거기에서 자연의 일부임을 느낀다.
  시들어 가는 생명, 저무는 것들의 나직한 비애. 그것을 건너다 보고 있는데 내 안에서도 바스라지는 사르비아의 꽃잎 소리가 들리는 것 같다. 깊어가는 어둠 속에서 그만 눈을 감는다.
  태고의 정적靜寂이 온몸을 감싼다.

수數, 이미지의 변주

1 자를 보고 있으면 푸른 바다 위에 떠 있는 한 척의 작은 돛단배가 연상된다. 어디론가 떠나지 않으면 안 될 것 같은 출발의 표지로 그것은 내 앞에 펄럭이는 깃발로 서 있다.

떠나거라, 떠나거라.

제복의 한 여학생은 교사校舍 담벼락을 타고 뻗어 올라가는 담쟁이 넝쿨에 이따금씩 눈을 주면서 흰 옥양목 천에 하늘색 포플린으로 돛단배를 아프리케 하고 있었다. 그 위에 갈매기도 몇 마리 나르게 했다. 옷 덮개는 완성되었고 〈카디프를 향하여〉 동쪽으로 키를 잡고 선 유진 오닐처럼 그녀는 지평선 너머 미지의 세계를 동경하면서 떠나가지 못하는 꿈을 그 돛단배에 실었다. 그러면 간간히 길게 빼무는 무적霧笛 소리가 배경음으로 들려오는 것 같았다.

　세월이 훌쩍 지나 유진 오닐의 집, 뉴런던의 '몬테크리스토 코티지'를 찾은 적이 있었다. 낯익은 이층집, 그대로 그의 작품 〈밤으로의 긴 여로〉의 무대다. 티론가의 고통이 전해져 왔다. 마약 중독된 그의 어머니와 폐병에 걸린 에드먼드, 그들의 소리 없는 절규를 듣고 있는데 잠시 무대 위에 조명이 나간 듯 사위가 어두워진다. 어스름에 잠기는 그의 집 뜰에 서서 나도 함께 잠기고 있었다.
　템스 강에는 장난감 같은 배들이 그림처럼 묶여 있고 붉은 해가 물결 위로 막 번지기 시작했던 그날. 지금도 돛단배 같은 1자를 보고 있으면 뉴런던의 그날의 무적 소리가 환청처럼 들려올 것만 같다.

2　숫자 2에서 어느 수필가는 무릎을 꿇고 앉은 소녀의 모습을 떠올렸다. 허긴 주역周易으로 2태택兌澤은 소녀임에 틀림없다. 그러나 내게는 2자가 한 마리 고운 물새처럼 보인다.
　잔잔한 수면 위에 떠 있는 한 마리의 백조. 거기에 그레이스 켈리의 우아한 모습이 겹쳐진다. 〈백조의 호수〉를 작곡한 차이코프스키의 모습도 수초처럼 배경음으로 너울대면서 따라온다.

동성애 문제로 자살한 차이코프스키.

음수陰數 2자를 포개면 22, 등뒤로 다가가 껴안고 있는 동성애 같은 숫자다.

〈태극결〉에 의하면 22는 흉수라고 한다. 그래서일까. 세잔느가 죽은 날도 22일. 괴테와 빅토르 위고가 죽은 날도 22일이며 노신과 사뮈엘 베케트의 장례가 치러지던 날도 22일이었다.

프랑스의 피아니스트인 엘렌 그리모는 음을 색깔로 기억하고 숫자마저도 빛깔로 연상했다. C장조는 검정, G장조는 초록이며, 숫자 5는 녹색이고 4는 빨강 그리고 2는 노랑이라는 것이다. 노랑은 질투의 색깔이다. 그래서 그런지 2는 대립과 투쟁을 의미한다. 그러면서 또 상생과 조화를 꿈꾸기도 한다. 대립과 조화, 투쟁과 상생. 미상불 노력이 요구되는 숫자다. 미끄러지듯 저 잔잔한 수면 위를 나르는 물새의 평화로운 모습. 그 뒤에 숨겨진 또 다른 하나의 고통, 고달픈 발동작을 보는 것 만 같아 내게는 안쓰럽기만 한 숫자다.

| 3 | 3은 구만리 장천長天을 울며 나르는 기러기떼.
33의 각도를 왼쪽으로 조금만 틀면 ♍. |

33을 계속 눈으로 그려 나가면 아득한 하나의 소실점이 되고 만다.

문득 일본 작가 기노시타 준지[木下順二]의 '석학夕鶴'이 떠오른다.

눈 덮인 산에 작은 초가집 한 채. '찰카닥' 밤이면 베틀에 앉아 제 몸의 깃털을 뽑아 비단을 짜서 남편에게 주고는 수척하게 날로 여위어만 가는 쓰우. '당신은 기어코 보고 말았죠. 굳게 약속을 해 놓고서.' 그렇게 말하는 그녀의 몸은 어렴풋이 희어지기 시작했다.

학이었던 그녀가 비틀거리며 하나의 소실점이 되어 하늘에서 아득히 멀어져 갈 때, 까닭 모를 통증이 가슴에 일었다.

학의 깃털 같은 함박눈이 지금 내 눈앞을 어지럽히고 있다.

또 어느 날인가는 뒷간을 다녀올 때였다. 달빛 때문인지 절 후원은 온통 은세계였다. 인기척 같은 수런거림이 느껴져 뒤돌아보았다. 쏴르르르 갈대밭에서 어느 혼령이 부르는 소리 같았다. 갈대의 주억거림이 영락없는 사람의 손짓이었다. 섬뜩했다.

바람 속에서 누군가 나를 이끄는 것 같았던 그날의 손짓.

이리 오너라, 이리 오너라 ෆ.

두고두고 잊을 수 없다.

|4| 4는 동서남북.
지도 위에 그려진 나침반 같다.

완고하게 땅을 딛고 선 내게 어느 분은 친절하게 타이르신다.

'조고각하照顧脚下.'
그대의 발 밑을 잘 살펴보라.

지난해 4월 말이었다. 빈에서 헝가리 국경을 넘어 부다페스트의 집시 마을 겔레르트 언덕에 이르렀다.

거기에서 본 반달과 별이 그려진 유목 민족의 풍향계가 떠오른다.

깃발은 지붕 위에서 나풀거렸다.

바람은 어느 쪽으로 불려나?

갈 곳 모르는 유랑민의 심사를 막연하게 흔들어 놓던 깃발 아래 그날 나는 좌판대에서 굵은 팔찌 하나를 집어들었다. 손때 묻은 어느 집시 여자의 팔찌였다. 종려나무 잎사귀가 양쪽으로 새겨져 있고 한가운데 둥근 어닉스가 커다랗게 박혀 있는 팔찌였다.

그것을 집는 순간 손끝에 찌르르한 전류가 느껴졌다. 팔찌의 주인공들은 대체 어떤 사람이었을까? 푸슈킨의 소설 속에 나오는 피가 뜨거운 집시여자 젬피라, 아니면 '글루미 선데이'의 눈매가 서글서글한 여주인공 일로나? 손목에 그 팔찌를 걸자 배갈을 처음 마시던 날의 그런 전율이, 목구멍을 타고 내려가던 불이 가슴속으로 옮겨 붙는 듯했다. 그들의 관능과 허무의 끝이 만져지는 것 같았다. 아득한 시공時空 밖으로 밀려나는 느낌이었다.

알 수 없는 바람의 깃발 같은 것이 내 안에서도 함부로 펄럭였다. 잠시 갈 곳 모르게 하던 집시 마을의 그 풍향계와도 닮은 숫자 4!

그러나 바람은 이내 동서남북을 가르고 만다.

| 5 | 유니크한 모습 5에서는 왠지 모르게 귀족적 오만 같은 게 느껴진다. 5는 의자를 조금 당겨 앉은 모습 같 |

다. 그리고 턱을 앞쪽으로 조금 내밀고 있는 프랑스의 시인 폴 발레리의 캐리커처를 떠오르게도 한다.

'메마른 황금 껍질이 어느 힘의 요구에 따라 찢어져 반쯤 열린 가슴' 속에 우르르 쏟아질 듯한 루비 빛깔의 석류알.

"스스로의 발견에 번쩍이는 고귀한 이마를 나는 보는 듯하다."

정말이지 나는 그의 시대로 지성에 빛나는 그의 고귀한 이마를 보는 듯했다. 완고한 지성에 빛나는 숫자 5. 한편 그것은 데카르트의 오성悟性을 생각나게 하며, 한편 오성五星의 배지(☆)를 달고 다니던 그리스의 피타고라스와 그의 제자들의 모습도 떠오르게 한다.

그러나 무엇보다 5는 내 어릴 적 모습을 먼저 떠오르게 한다. 어머니 옆에서 내가 가위로 오려낸 그 숱한 앙증맞고도 작은 버선본은 5와 닮아 있었다. 종이 상자갑에 그걸 가득 담으며 부자가 된 듯 행복에 취했던 어린 시절이 문득 그리워진다.

| 6 | 목화토금수의 오행五行에는 모두 음양의 숫자가 따라 붙는다. 1과 6은 물의 숫자다. 1은 양수陽水요, 6은 음수陰水로 물의 완성 수數다. 또한 주역으로 여성 최고의 수를 상징하기도 한다.

남성 최고의 수는 9다. 6과 9가 어울리면 베스트 커플. 즉 시인 이상李箱의 '식스나인'이 된다. 69, 노음과 노양 이것을 침대에 눕히면, 어머 망측해라.

그리고 6은 임신한 배부른 여자의 모습, 반 고흐가 사랑하던 창녀 시엔을 떠오르게 한다. 암컷의 비애를 느끼게 한다.

음력 6월 6일은 내가 울음을 터뜨리며 이 세상에 나온 날이기도 하다. 마치 인생의 시작이 울음인 것처럼 그렇게 울음으로 시작된 날, 삼복중에 태어난 나는 이 날이 되면 가끔씩 어머니의 산고를 떠올리며 죄송한 마음으로《부모 은중경》을 꺼내 읽는다. 그리고 넝쿨 장미가 피어오르기 시작하는 6월이 되면 까닭 모를 통증 같은 게 가슴에 획을 긋고 지나간다. 실바람에 아릿하게 묻어나던 향기. 그 인생이라는 것이 마치 숨막히는 여름의 환각幻覺 것처럼 여겨지던 때도 있었다.

내가 좋아하는 스위스의 심리학자 카를 융도 6월 6일에 죽었다. 그는《주역》의 서문을 썼고 상당한 영매능력자로 원형무의식을 설파했다. 그와 연관되는 6·6이 좋기도 하지만, 내가 태어난 괴로운 날이기도 하다. '태어나서 죄송해요'라던 일본 작가 다자이 오사무[太宰治]가 저쪽에서 히죽이 웃고 서 있는 것 같다. 본질적으로 6은 내게 고통스런 숫자다.

| 7 | 럭키 세븐. 서양에서는 7을 '행운의 수'로 꼽는다. 그러나 동양에서는 '변화의 수'로 아주 신중하게 대 |

접한다. 사후死後 7·7의 49제를 중시하는 것도 그 때문인 것 같다.

7은 매양 다시 시작하는 숫자.

도레미파솔라시도가 그렇고 일주일이 그렇고, 또한 일곱 빛깔의 무지개가 그렇다.

하버드대학의 심리학과 교수 조니 A·밀러는 〈마법의 숫자 7〉이라는 논문을 썼고 우리나라의 화담 서경덕 선생은 〈지뢰복地雷復괘에서 天地의 마음을 본다〉는 논문을 썼다.

"그 길을 되풀이하여 7일에 돌아오니 갈 바를 둠이 이롭다"

는 주역의 '복復'괘에서 자신의 호를 삼아 '복재復齋'라고 하였다.

복재 화담 선생은 사람이 능히 '복復'의 이치를 알면 도道에서 멀지 않다'고 했다. 두 번 잘못을 결코 되풀이하지 않으신 선생은 늦더위가 한창인 7월, 제자들에게 자신을 화담花潭의 연못가로 옮겨 달라고 하여 깨끗이 씻은 뒤 영면에 드셨는데 그날이 바로 7월 7일이었다. 마침 천계에서는 견우성과 직녀성이 만나는 칠석七夕. 그후로 7자는 나로 하여금 고매한 인품의 서화담 선생을 언제나 생각나게 한다.

|8| 여름이 저무는 8월의 화단 앞에 서면 도리없이 애상哀想에 빠지게 되곤 한다.

"이윽고 여름은 종언을 향해 그 커다란 눈을 서서히 감는다" 는 헤세의 시구가 먼저 떠오른다. 까맣게 여문 분꽃의 씨앗. 그리고 커다란 눈망울의 해바라기, 여린 키로 바람에 떨고 서 있는 코스모스. 헤세의 이런 '절망 없는 비애'를 우리는 가슴에 안아야 할 때라고 생각한다.

우리가 사는 것은 죽음을 두려워하다가 죽음을 사랑하게 되기 위해서라는 그의 말을 요즘 나는 껴안고 산다. 계절로 치자면 8,9월도 다 지난 10월쯤에 이르른 나이여서일까. 인생의 가을을 봄보다 더 아름답게 이룬 헤세와 만나는 일은 그러므로 내게 커다란 위안이었으며 놀라운 풍요였다.

그리고 8월의 마지막날은 보들레르가 죽은 날이기도 하다. 개선문의 왼쪽에 위치한 에뚜알 광장 돔가 1번지. 46세의 나이로 어머니 품에 안겨 죽었다는 팻말 앞에 참담히 서 있던 그 이른 아침을 나는 통절히 기억한다.

"아! 너무나도 짧은 우리들의 여름!

그 발랄한 광명이여!"

그의 시구가 우리의 인생을 총칭하는 것만 같아서 자주 내 입안에서 맴돌던 말이다. '아! 너무나도 짧은 우리들의 여름, 여름' 하고.

그리고 8은 G선의 장중한 첼로의 모습을 연상케 한다. 8을 가만히 들여다보고 있으면 주인 잃은 자크린 뒤프레의 첼로가 생각난다. 너무나도 짧은 생애, 가엾은 천재. 이런 날은 창가에 기대어 막스 브루흐나 요펜 바흐의 음악이 문득 듣고 싶어진다.

9 얼른 보면 9는 오선지의 음표 같다. 어찌 보면 생명의 시원인 정충 같기도 하다. 꿈틀거리며 무슨 소리를 낼 것만 같다. 힘차게 약진하는 모습 9. 그리고 어느 날인가 파리의 페르 라셰즈에서 보았던 아폴리네르 무덤에 우뚝 서 있던 남근석을 방불케 하던 그의 묘비가 떠오른다.

9는 양陽의 대표수다. 힘에 넘치는 남성 최고의 숫자. 그래서 그런지 음귀陰鬼를 제압하는 데는 9·9의 중양절重陽節을 으뜸으로 꼽는다. 국화의 정취가 보다 그윽해지는 이 무렵이 되면 나는 또 고주일계孤舟一繫의 시인 두보를 생각하게 된다. 〈9월 9일〉이라는 시에서 그는 이렇게 탄식했다.

"중양重陽절에 홀로 든 술잔 마시지 못하고,
병든 몸 간신히 강기슭 정자에 올랐네.
죽엽청 술도 나와는 연분 없으니
앞으로 국화꽃도 피어나지 말라(생략)."

무엇보다 9는 내게 장기를 가르쳐 준, 죽은 내 남동생이 좋아하던 숫자다. "누나 9자는 말이야…." 비밀스럽게 말하던 그 애의 속살거리는 음성이 들리는 듯하다. 나도 9자를 좋아한다. 왜냐하면 9는 내가 나에게 부과한 어느 계단의 마지막까지 성실을 다해 오르고자 한 내 삶의 지표를 뜻하기 때문이다. 9는 또 '홀로 있을 때를 삼가라'는 그 신독慎獨과도 만나게 한다. 각성覺醒의 숫자 9.

8월도 아니고 10월도 아닌 9월처럼 나는 존재하고 싶다.

10 이 글자를 보고 있으면 관에 누운 한 여자가 떠오른다. 순결한 웨딩드레스를 입고 아폴리네르의 연서戀書를 가슴에 안은 채, 눈을 감은 여류화가 마리 로랑상. 그녀는 숙연宿緣이 어긋나 다른 사람의 아내가 되긴 하였으나 죽어서는 아폴리네르의 연인으로 남아 그가 묻힌 곳에서 얼마 멀지 않은 곳에 따라와 묻혔다.

한편 10은 비애의 숫자다. 조르쥬 상드와 헤어진 뒤 황폐해질 대로 황폐해진 시인 알프레드 뮈세는 이렇게 노래했다.

"신은 말하네. 신에게 답해야 하네.
내가 세상에 유일하게 남긴 재산은
때로 눈물을 흘렸다는 것뿐."
그의 시 〈비애〉의 끝구절이다.
그러고 보니 내 삶도 거기에 해당되는 것 같다.

달 밝은 가을밤 뜰에 나와 선다.
왠지 그 보름달을 보고 있으면 가득 찬 것의 비애와 소멸을 염려하게 된다. 그리하여 만월과도 같은 충만의 숫자 10은 나로 하여금 미리부터 충만을 기피하게 만드는 버릇을 키워 왔다.
20대의 어느 가을날이던가, 우연히 써 둔 글귀는 그대로 나의 좌우명이 되고말았다.

"귀로歸路가 쓸쓸해질 것을 염려하여
검소한 차림으로 門을 나선다."

평생 화려한 것과는 담 쌓은 듯, 검소儉素를 벗어나지 못하는 남루가 오히려 나는 편안하다.

인생

며칠 전, 어느 방송국에서의 일이다. 사회자가 나의 묘비명을 물어왔다. 나는 화장火葬을 생각하던 터라 묘비명 같은 것은 없노라고 답했다. 그리고는 묘비명에 대해 다시 한번 생각하는 계기를 갖게 되었다. 인생에 대한 함축된 한마디 말이 그것일 텐데 과연 무엇이라고 해야 할는지?

그러자 허탈한 발걸음으로 이 지구를 다녀간 시인들의 시구가 아프게 떠올랐다. 삿갓을 한번 눌러쓰고 방랑 삼천리, 김병연은 죽음에 이르러 자신의 일생을 회고하는 〈난고 평생시〉를 썼는데 그 결구는 이러하다.

'돌아가기도 머물기도 어려운 나그네여
얼마나 길가에서 외롭게 방황했던고.'

여즉 인생旅則人生의 나그네, 결국 우리 모두의 모습이 아니겠는가.
또한 고궁절固窮節 속에서 자주 때 거리가 없던 도연명은 죽기 며칠 전 〈자제문〉이라는 시에서 이와 같이 탄식했다.

'나는 참으로 어려운 삶을 살았노라
사후의 세계는 또 어떨는지?'

또다시 사후死後 세계의 삶을 걱정하는 한 인간의 애달픈 정서가 가슴 밑바닥을 축축히 적신다. 그는 〈귀원전거歸園田居〉에서 다시 말한다.

인생은 어차피 환(幻).
종내에는 공(空)과 무(無)로 돌아가리
  人生似幻化
  終當歸無空

나는 그것을 생각하고 있었다.
그날은 작가 묘지 순례를 중심으로 대화가 이어졌다. 톨스토이와 괴테, 빅토르 위고와 임어당 그리고 그리스의 카잔차키스 등등이었는데 미국의 극작가 유진 오닐을 소개하는 도중 뒤늦게 놓친 부분에 이르르는 짧은 통증 같은 것이 지나갔다.

대부분의 무덤은 이름 석자와 괄호 안에 출생 연월일과 사망일이 적혀 있기 마련이다. 보스턴 외곽 포레스트 힐스에서 만난 유진 오닐의 무덤도 크게 다르지 않았다. 다만 맨 마지막 줄에 '평화로이 잠들다.' 라는 한 마디가 덧붙여 있을 뿐.
　나는 그것을 무심히 흘려버리고 말았다. 의례적인 인사말 정도로 생각했던 것이다. 사회자가 내게 왜 그것을 썼을까요? 했을 때 비로소 그 말의 속뜻이 헤아려졌던 것이다.
　오닐의 부모는 떠돌이 극단 배우였다. 브로드웨이 근처 어느 콘도형 호텔에서 그를 낳았다. 그리고 죽기 전 2년 동안은 보스톤 셀튼 호텔에 머물다가 그곳에서 생을 마감했다.
　'젠장 호텔 방에서 태어났다가, 빌어먹을 호텔 방에서 죽다니' 그의 마지막 말이었다. 파킨슨병으로 진단이 났으나 나중에는 알 수 없는 희귀 병으로 판정되었다. 신경과 근육을 지탱할 수 없을 정도로 뇌세포가 파괴되어 팔, 다리 심지어는 혀와 목구멍의 운동기능과 조절기능을 잃었다. 더 이상 글도 쓸 수 없었다. 찰스 강이 내려다보이는 조그만 방에서 그는 안락의자에 앉아 강을 보거나 차량의 행렬을 지켜보는 것으로 대부분의 시간을 보내며 '왜 빨리 죽어지지 않는지 모르겠다.' 고 소리치며 울기도 했다. 그럼에도 그는 자신의 생명이 빠져나갈 때까지 천천히 오는 죽음을 고통 속에서 최선을 다해 기다렸다. 나도 시간을 기다리는 안락(?)한 의자에 앉은 그의 모습을 떠올리는 날이 많아진다. 아무래도 그것이 인생을 총칭總稱하는 모습

같아서다.

그는 어린 손자의 사망과 아들의 자살을 지켜보아야 했고 찰리 채플린과 결혼한 외동딸과도 의절한 채 적막 속에서 노후를 보냈다.

내가 그를 찾아 나선 것은 1962년 드라마센터에서 〈밤으로의 긴 여로〉를 본 뒤 39년 만에 이루어진 행보였다.

연극의 주인공들은 실제 그들 가족이었다. 알코올 중독인 그의 형 제이미. 폐병을 앓는 병약한 둘째 아들 에드먼드는 바로 그 자신이며, 연극배우인 아버지 티론, 마약 중독자인 어머니 메어리. 그들이 살던 뉴런던의 '몬테크리스토 코티지'에 도착한 것은 2001년 어느 여름 날 이었다. 정면에서 바라본 이층집은 낯익은 무대세트와도 같았다. 막이 오르면 티론가家의 거실이 나오고 왼편 이층으로 오르는 계단이 있을 것이다.

오늘 일가는 1912년 여름, 모처럼 이 별장에 다 모였다. 가족 네 명 사이에서 벌어지는 애증 극. 더는 미룰 수 없는 심정으로 그는 고해성사를 하듯 피와 눈물로 이 작품을 썼다고 했다. 잠깐 서서 바라보는 동안 그 하얀 이층집은 내 눈 앞에서 금세 어둠 속에 잠겨버리고 말았다. 나는 몬테크리스토 코티지 마당 한가운데 서서 39년 전 그날의 무대 〈밤으로의 긴 여로〉를 회상하고 있었다. 가족은 사랑하는 그만큼 서로간의 상처다. 왜냐하면 뗄 수 없는 애증愛憎 때문에. 이 작품을 쓰는 동안 저녁 때면 눈이 빨개진 채 서재에서 나왔다는 그의 모습을 상상하면서, 또한 삼선교에서 종로 4가까지 히로뽕(필로폰)을 구하기 위해 울면서 걸어갔던 내 어린 시절이 떠올라 목안까지 아픔이 차올랐다. 어머니가 다급하게 찾던 약을 약국에서는 쉽게 주지 않았다. 극중의 티론가(家)처럼 가운의 몰락과 동생의 죽음은 그분을 깊은 고통의 늪 속에 빠뜨렸다.

별안간 2층 무대의 샹데리아의 등이 모두 켜지고 밤을 질타하던 피아노 소리. 잠시 뒤 극중 메어리(황정순役)는 잠옷바람으로 나타나 웨딩드레스를 들고 혼자 중얼거린다.

'내가 여기 무얼 찾으러 왔더라?'

과거 속으로 되돌아간 어긋난 영혼의 심층- 어머니에 대해 나는 또 얼마나 알고 있었을까? 공동묘지에 홀로 계시던 그분은 20년이 지나 아버지의 무덤 곁으로 돌아와 누우셨다. 하룻밤도 편안히 잠들 수 없었던 질곡의 세월 뒤. 어머니는 또 오늘은 죽어서야 정말로 평화로이 잠들 수 있었던 것일까?

'침묵(죽음)은 휴식이다.' 라던 햄릿의 명대사가 겹쳐졌다. 고독한 영혼들의 긴 여로를 떠올리자 속절없이 '인생'이란 낱말이 가슴을 훑고 지나간다. 빈 들판을 달리는 말처럼, 그리고 신속무상迅速無常한 바람처럼.

'인생, 그것은 어차피 환幻.
종내에는 공空과 무無로 돌아가리.'

이것을 나의 묘비명으로 삼아도 무방하리라는 생각이 들었다.

▨ 연 보

- 1942년 7월 18일 서울 삼청동에서 맹영호(孟英鎬)와 김묘연(金妙蓮)의 2남3녀 중 차녀로 태어남.
- 1948년 재동국민학교 입학.
- 1954년 6·25 피난 후 수복하여 정덕국민학교 졸업.
  어릴 때 학교가 파히면 집에 돌아와 안채와 떨어진 아버지의 서재에서 어둠이 내릴때까지 정물처럼 그곳에 앉아 있곤 함. 문고본 하이네와 장콕토 괴테의 시집등을 읽음.
- 1954~57년 淑明여자중학교 입학·졸업
- 1957~60년 淑明여자고등학교 입학·졸업
- 1958년 9월 이화여자대학교 주최 전국여고문예콩쿠르 대회에서 희곡「산비둘기」입선(심사위원은 유치진).
  산사에서 펼쳐지는 童僧들의 이야기「산비둘기」를 본인 연출로 모교의 무대에 올림.
- 1960년 이화여자대학교 국어국문학과에 입학.
  이 무렵 하라다야스코의『만가』, 미우라아야코의『빙점』가와바타나스야리의『설국』, 미시마유키오의『금각사』등 일본 작품이 쏟아져 들어옴. 그 중에서도 다자이오사무의『사양』에 심취되고 이시카와다쿠보쿠의 시에 매료됨. 다자이 오사무의『사양』과『인간 실격』을 읽기 위해 일어 강습소를 다님. 그리고 대학교 1학년 국어교과서에 실린「금강경의 空思想

과 하이데거의 실존주의」에 관한 박종홍 선생의 논문을 읽고 불교 서클을 조직. 일요일마다 正覺寺(삼선교 소재)에 나가 金東華 선생님께 불교 강의를 들음. 《금강경》《유마경》《법화경》등을 공부함.

- 1960년 11월 극단 『실험극장』에 입단.

『실험극장』의 단원은 거의 대학생이어서 자기네 학교 연극을 주도해야 했고 그때마다 우리 패들은 신이 나서 남의 학교지만 연습 때마다 가서 늦게까지 어울리곤 함. 고대에서는 여운계, 김성옥, 유용환, 나영세, 유길촌, 손숙등의 연기로 「안티고네」「상복이 어울리는 엘랙트라」「우리 읍내」「삼각모자」 등을, 서울대학 팀으로는 허규, 김의경, 유달훈, 김학천, 이순재, 이낙훈, 김동훈 제씨가 있었으며 「유리 동물원」「버스정류장」같은 작품을 공연함. 우리『실험극장』의 마지막 공연이 있는 날은 이근삼, 여석기 선생의 강평이 있은 다음 모두 대취大醉해 버려서 통행금지 시간에 발이 묶일 때도 있었음.

아서 밀러 작 「다리 위에서의 조망」조연출 맡음. 연출은 이기하씨. 이근삼 작 「거룩한 직업」기획 맡음. 연출은 황은진씨. 기타 작품에 참여. 1962년 8월 3학년 1학기말 고사를 치르고, 그해 여름부터 서울시청 부녀과의 촉탁 근무를 시작함. 가정 사정으로 휴학계 제출.

- 1963년 5월 서울 지방 4급 공무원 채용고시에 합격. 66년 6월까지 서울시청 산하기관에 근무.

- 1964년 7월 토요일 오후. 퇴근해 돌아오니 어머니가 심장마비로 빈집에서 혼자 別世하심. 어린 동생 셋의 보호자가 되나 힘에 부쳐, 아버지가 계신 서모집으로 동생들을 들여보내고 외톨이가 되어 혼자 방랑하다가 동국대학교 불교철학과에 편입하나 그것도 끝까지 계속할 수 없었음.
동대 불교문학 서클에 가입하여 헤르만 헤세의 『싯다르타』를 중심으로 한 「서구 작가와 불교적 경향」이란 글을 동대학보에 게재함. (불교문학 서클의 지도 교수는 미당 서정주 선생). 허열虛熱같기도 한 문학과 연구에 대한 열정을 잠재우고 일상 속으로 돌아와 평범한 주부가 됨.
- 1968년 노산 이은상 선생의 주례로 노광식과 결혼. 노신정, 노영민 두 아이의 어미가 됨.
- 1969년 포교 불모지나 다름없던 시대, 月刊《신행불교》의 편집장으로 스스로 약속한 10년의 기한을 채움.
- 1971년 불교문학의 백미인 《벽암록》강의를 정각사에서 개최, 강사는 시인 김구용 선생이며 청중은 어효선, 유주현, 강두식, 조홍식, 최남백, 오정희, 석지현씨 등 문인이 대부분이었음.
- 1974년 聖者 이차돈 추모선양회에서 현상 모집한 추모시에 당선(심사위원은 미당 서정주). 시비는 대방동 공군사관학교에 건립되어 있었음.
- 1978년 12월~84년 8월 정수직업훈련원(현 정수기능대학)

국어교사로 6년간 재직(직업 훈련 교사 자격증 취득).
시부모님의 병환으로 직장을 사직하고 수발에 매달림. 이
때부터 죽음에 대한 관심이 고조되어 《남산이 북산을 보며 웃
네》의 자료를 모으기 시작함. 운명과 세상의 이치에 대해 알
고 싶어 《주역》과 명리命理공부를 시작함. 도계 박재완 선생
과 노석 유충엽, 약연 서정기 선생에게 사사함.
- 1994년 8월 한국일보 문화센터 수필반에 나가 박연구, 손광
성 선생의 수필 강의를 들음.
- 1996년 《수필공원》봄호에 「소지」가 초회 추천되고 그해 여
름호에 「찻물을 끓이며」가 완료 추천됨.
- 1997년 1월부터 2004년까지 수효문화원에서 《주역》을, 능
인선원에서 『命理』를 강의하며 《수필과 비평》에 '이야기로
읽는 주역 에세이'와 월간 《까마》에 '天地玄黃 주역에세이'
를 연재 함.
- 2000년 《책과 인생》에 '고사성어 에세이'를 비롯하여 「국민
일보」에 '여의도 에세이'를 2회에 걸쳐 1년 간 연재함.
- 2000년 3월 한국수필문학진흥회 기획위원, 《에세이 문학》
편집위원이 됨.
- 2000년 11월 淑明출신 작가들로 구성된 〈민들레〉모임에서
시인 이원섭 선생을 모시고 《벽암록》과 《십현담》 등 禪詩를
공부함.
- 2001년 3월 제 19회 현대수필문학상 수상.

- 2002년 3월 한국수필문학진흥회 사무국장. 송현수필문학회 회장.
- 2002년 11월 《에세이 문학》발행인.
- 2003년 3월 지하철 《풍경소리》편집위원장.

 흑석동 소재 달마사 「달마문예대학」에서 신경림, 김성동, 고형렬씨 등과 참여. (운문반은 고형렬) 산문반 수필강의를 맡음.
- 2006년 3월 한국수필문학진흥회 제7대 회장에 피선.
- 2008년 1월 제3회 남촌문학상 수상.
- 2008년 1월부터 2009년 12월까지 월간 《묵가》에 '주역산책'을 연재함.
- 2008년 3월 한국수필문학진흥회 회장과 《에세이 문학》발행인 사임.
- 2009년 3월 제2회 정경문학상 수상.

 현재는 《월간문학》과 지하철 《풍경소리》편집위원.
 한국수필문학진흥회 명예회장, 국제펜클럽한국본부 수필분과 이사, 한국문인협회, 에세이문학회, 송현문학회 회원으로 있음.

저서

수필집 : 1996년 10월 《빈배에 가득한 달빛》(우리출판사)
       1998년 3월 《남산이 북산을 보며 웃네》(세훈출판사)
          12월 《남산이 북산을 보며 웃네》개정판

2001년 3월 《사유의 뜰》(우리출판사)
2002년 7월《삶을 원하거든 죽음을 기억하라》(남산이 북산을 보며 웃네의 개정판임)(우리출판사)
2003년 12월 선우명수필선 《탱고, 그 관능의 쓸쓸함에 대하여》
2004년 3월 《인생은 아름다워라》(김영사)
2007년 3월 《라데팡스의 불빛》(수필과 비평사)

공저 : 일어판 《한국여류수필선》· (홍혜랑, 민명자, 맹난자)(동경 문예관)
기행집 《서호로 가쟈스라》(생명의 나무)
《장강에 배띄우고》(생명의 나무)
풍경소리 글 모음집 《풍경소리》 I (샘터사)
《풍경소리》 II (샘터사)
《이름 22수의 주술》(중앙일보사)
편저 : 《한국의 명수필 II》(손광성, 김종완, 맹난자)(을유문화사)
《세계의 유명작가 명수필》(청조사)
일어판 : 《한국현대수필선집》(동경문예관)

현대수필가 100인선 · 77
맹난자 수필선

만목滿目의 가을

초판인쇄 | 2010년 4월 20일
초판발행 | 2010년 4월 25일

지 은 이 | 맹 난 자
펴 낸 이 | 서 정 환
펴 낸 곳 | 좋은수필사

주　　소 | 서울시 종로구 익선동 30-6
　　　　　운현신화타워 빌딩 3층 305호
전　　화 | (02)3675-5635, (063)275-4000
등　　록 | 1984년 8월 17일 제28호
홈페이지 | http://www.shin-a.co.kr
e-mail | essay321@hanmail.net

값　7,000원

ISBN 978-89-5925-346-3　04810
ISBN 978-89-5925-247-3　(전100권)

*저자와 협의하여 인지는 생략합니다.
*잘못된 책은 바꿔 드립니다.